JUSTICIA GLOBAL

PROYECTO EDITORIAL CHE GUEVARA

Estos libros forman parte de una Serie que la editorial Ocean Press y el Centro de Estudios Che Guevara publicarán con el objetivo de dar a conocer el pensamiento y la obra del Che. La Serie tiene la intención de presentarnos la obra de Che por el Che, con claves que faciliten un mejor entendimiento, y que sobre todo, permita al lector acercarse a un Che culto e incisivo, irónico y apasionado, terrenal y testimoniante, es decir, vivo.

Che desde la memoria
Los dejo ahora conmigo mismo: el que fui

Notas de viaje
Diario en motocicleta

Pasajes de la guerra revolucionaria
Edición autorizada

El diario del Che en Bolivia
Edición autorizada

La guerra de guerrillas

Justicia global
Liberación y socialismo

Che Guevara presente
Una antología mínima

América Latina
Despertar de un continente

Punta del Este
Proyecto alternativo de desarrollo para América Latina

El gran debate
Sobre la economía en Cuba 1963-1964

El socialismo y el hombre en Cuba
Edición clásica

Notas críticas sobre la economía política

Lecturas para una reflexión

JUSTICIA GLOBAL

liberación y socialismo

CHE GUEVARA

Editado por María del Carmen Ariet García

PUBLICADO DE CONJUNTO CON EL CENTRO DE ESTUDIOS CHE GUEVARA DE LA HABANA

Ocean Press
Melbourne ■ Nueva York ■ La Habana
www.oceanbooks.com.au

Cubierta: Karen Oh

Derechos © 2002 Aleida March
Derechos © 2002 Centro de Estudios Che Guevara
Derechos © 2002 Ocean Press

Todos los derechos reservados. Ninguna parte de esta publicación puede ser reproducida, conservada en un sistema reproductor o transmitirse en cualquier forma o por cualquier medio electrónico, mecánico, fotocopia, grabación o cualquier otro, sin previa autorización del editor.

ISBN 10: 1-876175-46-X
ISBN 13: 978-1-876175-46-7
Primera edición 2002
Segunda impresión 2005

Publicado por Ocean Press
Australia: GPO Box 3279, Melbourne, Victoria 3001, Australia
Fax: (61-3) 9329 5040 Tel: (61-3) 9326 4280
E-mail: info@oceanbooks.com.au
EEUU: PO Box 1186, Old Chelsea Stn., New York, NY 10113-1186, USA

Distribuidores de Ocean Press
EEUU y Canadá: **Consortium Book Sales and Distribution**
Tel: 1-800-283-3572   www.cbsd.com
Gran Bretaña y Europa: **Turnaround Publisher Services Ltd.**
E-mail: orders@turnaround-uk.com
Australia y Nueva Zelanda: **Palgrave Macmillan**
E-mail: customer.service@macmillan.com.au
Cuba y América Latina: **Ocean Press**
E-mail: oceanhav@enet.cu

info@oceanbooks.com.au
www.oceanbooks.com.au

INDICE

Prólogo	1
1. En Argelia	19
2. El Socialismo y El Hombre En Cuba	33
3. "Crear Dos, Tres, Muchos Viet Nam, Es La Consigna"	51
Notas	67

NOTA EDITORIAL

El libro *Justicia Global* por Che Guevara es el primero de una Serie que la editorial Ocean Press de Australia y el Centro de Estudios Che Guevara de La Habana publicarán con el objetivo de dar a conocer el pensamiento y la obra del Che.

Es una necesidad para los jóvenes de cualquier parte del mundo, que ven en la vida y accionar del Che un paradigma, el conocer sus múltiples facetas, estudiar su pensamiento y así poder comprender mejor el legado que nos ha dejado este Hombre.

Si logramos llegar a los que ven en su imagen y recuerdo un emblema contra todo lo que significa explotación, injusticia social, y anhelan un mundo mejor para todos, habremos cumplido nuestro objetivo.

Si logramos que los que estudian el pensamiento de Che, que investigan e interpretan desde posiciones académicas ó políticas (y muchas veces desde ambas) nos lean, habremos alcanzado nuestro objetivo.

La Serie, tiene la intención de presentarnos la obra de Che por el Che, con claves que faciliten un mejor entendimiento, y que sobre todo, permita al lector acercarse a un Che culto e incisivo, irónico y apasionado, terrenal y testimoniante, es decir, vivo.

PRÓLOGO

María del Carmen Ariet García
Centro de Estudios Che Guevara

La publicación simultánea de trabajos tan notorios y a la vez tan peculiares del actuar y el pensar de Che, como los que se presentan al lector en este libro, no obedece sólo a un interés editorial, sino sustancialmente al propósito de sistematizar un conjunto de ideas, que desde el contenido de las mismas, permitan relacionar temáticas y objetivos comunes, además de establecer una continuidad con discursos y trabajos anteriores, muchos de los cuales fueron desarrollados en contextos diferentes, pero que sin embargo perseguían propósitos similares, dentro de la congruencia y coherencia abarcadora que determinan el ideario revolucionario de Che, en lo filosófico, lo sociopolítico y lo económico.

La lectura detallada de estos trabajos nos acercan a una fase teórica concluyente, no sólo por ser premisa de su etapa internacionalista, sino sobre todo porque conforma la culminación de un método de trabajo, donde se asume lo teórico para alcanzar soluciones a problemas concretos a través de una práctica política consecuente, por medio de un proceso ascendente, apartado de lo apologético y lo dogmático y marcado por una ética revolucionaria, humanista y marxista, que lo llevan a ser "un adelantado" en su época, haciendo que sus ideas y su lucha mantengan una total vigencia en la actual perspectiva de justicia global.

Che, pensador marxista de la praxis, se propuso en el transcurso de ese período, la tarea de generalizar y sistematizar una experiencia revolucionaria, que como la de Cuba, sirviera a la futura revolución tercermundista, combinando además, la acción transformadora en que se vio inmerso en su condición de dirigente. Esas fuentes testimoniales —discursos, conferencias, ensayos, artículos, charlas televisadas, mensajes, cartas, entre otros— son la expresión verdadera de las relaciones que existieron entre sus actuaciones cotidianas y sus objetivos finales y donde la teoría que emerge se convierte en un instrumento viable para el movimiento revolucionario y para la consecución de la emancipación plena de la humanidad.

La óptica con que estamos obligados a estudiar la trascendencia del pensamiento de Che, no puede apartarnos del contexto histórico en que muchas de esas ideas fueron formuladas, por lo peculiar y emblemático que tuvo la década del 60, época valorada como "de rebelión trascendente entre los dos poderes de dominación existentes" y por la fuerza y predominio que tienen algunas de esas manifestaciones, de las cuales, y quizás las más significativas, ocurrieron desde el Tercer Mundo occidental, signadas por el advenimiento de la Revolución cubana y su marcada influencia en todo movimiento revolucionario que se producía en esa época.

Sin excluir el significado histórico y la repercusión que tuvo, para toda una generación, la desaparición física de Che, en octubre de 1967, unido a la fuerza que irradiaba de su ejemplo, como expresara el Premio Nobel de Literatura, José Saramago, al remembrar que "al Portugal infeliz y amordazado de Salazar y de Caetano llegó un día el retrato clandestino de Ernesto Che Guevara, el más célebre de todos, aquel hecho con manchas fuertes de negro y rojo, que se convirtió en la imagen universal de los sueños revolucionarios del mundo."

Es innegable, que asumir el estudio de una época compromete a desglosar los hechos acaecidos, pero sin perder de vista que se van a asumir desde las actuales posiciones, con toda la carga positiva o negativa que esto conlleva.

Sin embargo, lo determinante en estas circunstancias, es que a pesar del viraje histórico que se ha producido con la desaparición del sistema socialista, el pensamiento y ejemplo de Che se levantan como fuerzas compulsivas para tratar de alcanzar el camino que permitiría restablecer la continuidad del verdadero socialismo revolucionario, a través de la plena liberación nacional, lograda mediante un proyecto consecuente de cambio.

Entender lo anterior, permite ver con más objetividad, el porqué el discurso pronunciado en Argelia el 24 de febrero de 1965, con motivo de efectuarse el Seminario Económico Afroasiático, marca una etapa, que para los detractores de su pensamiento es considerada como de ruptura con la Revolución Cubana, cuando en realidad, parte de lo manifestado no sólo está contenido en pronunciamientos anteriores, sino que además reitera, con igual finalidad, la naturaleza del capitalismo y la lucha revolucionaria, la que se encargaría de dar paso al surgimiento y desarrollo de sociedades nuevas, socialistas por demás.

Explicar la *necesidad* de escribir un trabajo como "El Socialismo y el hombre en Cuba," la histórica carta enviada al periodista uruguayo Anibal Quijano, director del semanario *Marcha*, para su publicación, en marzo de 1965, apenas a días de haber pronunciado el discurso en Argelia y ante la inminencia de su incorporación a la lucha revolucionaria en el Congo, puede dar una clave exacta de esa *necesidad,* entre otros cosas, porque siente la obligación de sistematizar sus concepciones sobre la realidad de la Revolución Cubana, sus experiencias y la importancia de ellas para el futuro de los países, que como Cuba, aspiraban a un cambio profundo en sus sociedades y por qué no, también alertar de fallas e incongruencias que se estaban produciendo en los países socialistas, en alguno de los condicionamientos económicos y políticos que se asumían en el proceso de construcción socialista.

El conocido "Mensaje a la Tricontinental," publicado por primera vez el 16 de abril de 1967 en circunstancias diferentes a los primeros, pues ya Che se encontraba luchando en tierras bolivianas, pudiera parecer un trabajo fuera del contexto de estos, sin embargo, forma una continuidad en cuanto a principios conceptuales, sólo que enmarcado dentro de los parámetros de la lucha, al construir un análisis con valoraciones más precisas del dilema en que se debatía el mundo de la época, lleno de contradicciones e incongruencias, además, de explicitar minuciosamente, la táctica y la estrategia que debía seguir el mundo subdesarrollado, en la lucha revolucionaria.

Si se estudia detalladamente el contenido de cada uno de los textos, se puede afirmar que los mismos condensan los basamentos filosóficos, económicos, políticos y táctico — estratégicos, destinados a abrir las puertas definitivas a la revolución tricontinental, con un sentido histórico más que inmediato y donde están presentes, además, los fundamentos que conforman un proyecto, que en el caso de Che comenzó siendo individual, en sus primeras preocupaciones juveniles y que derivó en un proyecto colectivo, cuando decidió incorporarse a la lucha revolucionaria en Cuba y más tarde extenderlo a otras "tierras del mundo."

En un análisis como el que nos ocupa, es imprescindible insistir en que el resultado de ese desarrollo intelectual se concretó a través de una práctica política consecuente con sus ideales, y que es asumido como un método efectivo para resolver problemas concretos. En ese ascenso, están presentes pautas que conforman su sistema de pensamiento y su modo consecuente de actuar, centradas todas en una fuerte carga humanista; pautas que lo llevan primero a un latinoamericanismo, a través del cual siente la necesidad de profundizar en el marxismo, acompañado de una postura francamente antimperialista, que lo conducen a la Revolución Cubana primero, para más tarde llegar a sus concepciones tercermundistas, apoyadas en una ética revolucionaria como arma de combate y aliento espiritual del hombre para alcanzar su liberación.

Ese sustrato ético, tan singular de su teoría y práctica, es la base de la repercusión de su ideario en el mundo actual y lo que le da su perspectiva global más allá de lo cotidiano, convirtiéndolo en un teórico de su tiempo.

Si se traza un hilo conductor entre los trabajos analizados, se observan elementos constantes, con el objetivo de comprender qué hechos y qué circunstancias pudieran actuar como determinantes en el proceso que se debe seguir, hasta alcanzar la destrucción del orden existente y la creación de uno nuevo. Esas formulaciones fueron remarcadas por Che dentro de sus concepciones de la lucha por el socialismo, primero desde el poder y más tarde como protagonista de la lucha misma, intensificadas, como se ha apuntado, por la situación imperante en el denominado "socialismo real," y en particular, con la existente en el socialismo soviético y el abandono paulatino de sus valores revolucionarios originales.

El conocimiento más profundo de lo que estaba aconteciendo en el mundo socialista, lo fue estudiando y analizando circunstancialmente en diferentes etapas, llegando a publicar algunos artículos que hicieron historia, al iniciarse por primera vez, desde un país socialista, una polémica económica que adquirió relieve internacional y donde Che se convirtió en su principal promotor. Si a esto se le añaden, las ideas y pronunciamientos emitidos en diferentes tribunas o en sesiones cotidianas de trabajo, como son las "famosas" actas de las Reuniones bimestrales del Ministerio de Industrias, que constituyen una reflexión profunda de su pensamiento, no llevaría al asombro generalizado que durante años ha producido el discurso de Argelia, donde con clara intención Che resume la casi totalidad de estas ideas, además de advertir, premonitoriamente, que de no concientizarse los enormes problemas que se estaban acumulando, el mundo subdesarrollado no lograría salir de su estancamiento.

Mucho se ha escrito acerca de esas posiciones alcanzadas por Che en la década del 60, cuando arrogárselas fuera del socialismo existente, eran consideradas simplemente una herejía o una ruptura definitiva. La mayoría de esas valoraciones, no percibieron la trascendencia y originalidad que las mismas conllevaban, ni tampoco lo mucho que Che había avanzado teóricamente, como resultado del ejercicio pleno de una verdadera práctica revolucionaria.

El proceso ascendente del marxismo de Che le permitió transitar por escalones que lo llevan a reformular un conjunto de relaciones, que aún no han sido lo suficientemente estudiadas y que cada día es más necesario articularlas para darle la verdadera dimensión teórica que las mismas tienen, entre otras cosas, para los que opinan que el pensamiento de Che nada tiene que hacer en estos tiempos.

El compromiso, como se advirtió al principio, de la publicación de estos trabajos, contribuirá a entender lo analizado hasta aquí, sin pretender extendernos en un extenso tratado sobre su contenido, pero sí demostrar que en ellos están enunciados de forma sucinta, no sólo esta evolución, sino también su contribución teórica para una alternativa realmente socialista.

Otro de los fundamentos presentes en esta recapitulación, es la relación que establece entre política-economía, como un binomio constante en la casi totalidad de sus discursos y trabajos teóricos, con el propósito de advertir que la separación de uno u otro, impediría la consecución de verdaderos cambios y los convertiría en un mero ejercicio académico o retórico.

Demostrativamente, desde su artículo "Soberanía política e independencia económica," de 1960, pasando por su intervención en Punta del Este en el 61, hasta sus intervenciones en Ginebra y en Naciones Unidas en el 64, para culminar en el discurso de Argelia de febrero de 1965, entre otros, todos pasan por delimitaciones, donde se sostiene que la única fórmula para alcanzar la verdadera soberanía nacional era adquirir, primero la independencia política y, paulatinamente, ir alcanzando la independencia económica.

Hablaba desde el subdesarrollo mismo, pero con un sentido inapelable del cambio social. Es en este convencimiento que aparecen claramente sus juicios más radicales de cómo alcanzar las modificaciones necesarias, para integrarlas más tarde a su posición intransigente contra el imperialismo y su convocatoria revolucionaria para el Tercer Mundo.

Una propuesta de continuidad entre esas ideas centrales del pensamiento de Che, se observan como premisas invariables, que surgen primero como hipótesis, para convertirse después en elementos demostrativos de su andamiaje teórico. Deja bien establecido que en este proceder, no es la acción por la acción misma la que determina el curso del proceso revolucionario, sino el estudio certero de la importancia relativa de cada elemento, y en ese sentido fue señalando un camino más amplio a lo largo de sus reflexiones, hasta dejar establecido un propósito mayor, cuando concluye en un plano superior de lucha que la toma del poder es el objetivo mundial de las fuerzas revolucionarias y la conquista del porvenir es el elemento estratégico de la revolución.

En esa dirección y de forma permanente, extiende su pensamiento y acción a la plena participación de las fuerzas revolucionarias a escala internacional, donde el actuar del mundo socialista debía marcar las pautas a seguir en la conquista del porvenir, llegando a la conclusión que de no hacerse efectiva esa solidaridad y apoyo con el mundo subdesarrollado, se colocarían no sólo en una posición conciliadora con las fuerzas reaccionarias, sino que además se convertirían en sus cómplices.

Este proceso, lo llevó a determinar los hechos y circunstancias que llevarían a la destrucción del orden existente y a la creación de uno nuevo, haciendo énfasis en la caracterización del antagonista principal y la correlación de las fuerzas del cambio, respecto a las de la reacción.

Lo primero que resalta en este ordenamiento metodológico, es que a partir de la conquista del poder político todas las acciones posteriores estarían centradas en la conquista de la soberanía nacional, pero para ello, la independencia económica tiene que convertirse en el soporte esencial para lograr su consecución.

Lógicamente, dentro del pensamiento de Che la plena soberanía se alcanzaría sólo a partir de una transformación estructural, es por ello, que en una época tan temprana como el 20 de marzo de 1960, en el citado artículo sobre la soberanía política y la independencia económica, dejaba formulado que esos cambios sólo serían posibles mediante el advenimiento al poder de las masas y su plena participación en la dirección del proceso y la sociedad en su conjunto.

Hablaba de objetivos tácticos, como la Reforma Agraria, la que a su vez da la base para la industrialización del país y la diversificación del comercio exterior, tópico en el que profundizaría permanentemente en todos los trabajos y discursos referidos a esta temática. En ese sentido, guardando una total coherencia con conceptos posteriores, define que lo económico es el principal escenario de la lucha y lo considera una guerra donde se exige del heroísmo colectivo y del sacrificio de todos.

Reitera, empleando elementos demostrativos, que el triunfo que se alcance en lo económico, se convierte en el elemento fundamental para alcanzar el principal objetivo estratégico que es la conquista de la soberanía nacional. Acá establece la línea a seguir, no sólo en Cuba, sino también en todo el mundo subdesarrollado, porque la única forma de lograr ese objetivo es quitarle el poder a los monopolios, los que en general no tienen patria, pero sí una definición común, tienen lazos muy estrechos con Estados Unidos. Por tanto, todo camino hacia la liberación estaría dado por la victoria sobre los monopolios, ya que el control de la economía de un país por otro, merma sin lugar a dudas la economía del mismo.

Paso a paso, convierte todas esas ideas en el centro de sus reflexiones finales, con una descripción más profunda y abarcadora en la Conferencia de Comercio y Desarrollo en Ginebra, en su disertación del 25 de marzo de 1964, donde penetra con singular agudeza, en la esencia del problema, advirtiendo que se vive en un mundo dividido en agrupaciones de naciones que representan tendencias económicas, sociales y políticas muy disímiles y marcado por grandes contradicciones, que definen sustancialmente, la férrea dependencia económica a través del intercambio desigual.

El desconocimiento de temas planteados por Che, a casi 40 años de formulados, muchas veces asombra por la vigencia de los mismos, como es el referido al empleo de los organismos internacionales, financieros, crediticios y de otro tipo, que se levantaban como las nuevas fórmulas imperiales de dominación.

En el análisis que propone señala que: "El Fondo Monetario Internacional es el cancerbero del dólar en el campo capitalista. El Banco Internacional de Reconstrucción y Fomento es el instrumento de penetración en el mundo subdesarrollado, y el Banco Interamericano de Desarrollo cumple esa triste función en el ámbito del continente americano. Todos estos organismos se rigen por reglas y principios a los que se pretende presentar como salvaguardas de la equidad y la reciprocidad en las relaciones económicas internacionales cuando, en realidad, no son sino fetiches tras los cuales se encubren los instrumentos más sutiles para la perpetuación del atraso y la explotación."[1]

Con posterioridad, la tesis de Che sobre el intercambio desigual alcanza su mayor grado de fundamentación en el discurso de Argelia, cuando plantea más nítidamente la relación que debe existir entre el desarrollo de los países que comienzan el camino a la independencia y el costo que eso significa a los países socialistas.

Una vez más y de forma muy concreta, emplaza la posición de principio que debía adoptar el mundo socialista. Para Che de lo que se trataba era de definir claramente la cuota de sacrificio a entregar por los países socialistas más desarrollados, si de verdad se deseaba contribuir al desarrollo de los países dependientes, por medio de un verdadero cambio revolucionario en las relaciones internacionales entre los países socialistas y los países subdesarrollados empeñados en alcanzar un nuevo orden social.

En esos planteamientos combina, la relación entre ética, economía y política con el objetivo expreso de delimitar los nuevos vínculos de solidaridad y la propuesta de los nuevos valores que deben regir en el proyecto de cambio del futuro, enfrentando egoísmo e individualismo frente al sacrificio y solidaridad, como los únicos elementos válidos para alcanzar tanto la liberación nacional como la liberación a escala global.

Consciente de la complejidad de sus argumentos y de la posición que al respecto venían asumiendo los países socialistas, es que advierte, sostenidamente que en esa lucha no se puede permanecer indiferente, ni en el terreno económico, ni en el enfrentamiento armado, como estaba ocurriendo en Viet Nam, porque tanto una victoria como una derrota, pertenecía a todos.

La posición a asumir queda claramente definida: "No hay fronteras en esta lucha a muerte, no podemos permanecer indiferentes frente a lo que ocurre en cualquier parte del mundo, una victoria de cualquier país sobre la derrota de una nación cualquiera es una derrota para todos. El ejercicio del internacionalismo proletario es no sólo un deber de los pueblos que luchan por asegurar un futuro mejor; además, es una necesidad insoslayable. Si el enemigo imperialista, norteamericano o cualquier otro, desarrolla su acción contra los pueblos subdesarrollados y los países socialistas, una lógica elemental determina la necesidad de la alianza de los pueblos subdesarrollados y de los países socialistas; si no hubiera ningún otro factor de unión, el enemigo común debiera constituirlo."[2]

Como se puede constatar, el humanismo revolucionario, como elemento primario del pensamiento de Che, no queda sólo en un imperativo moral, sino que se manifiesta definitivamente a través de una necesidad práctica y objetiva de la lucha revolucionaria contra el enemigo común, el imperialismo, como había sustentado con persistencia en todos esos años.

Es por eso, que con toda intención, después de 1965, al producirse la intervención abierta y masiva del ejército norteamericano en Viet Nam, Che resume su estrategia revolucionaria mundial en el "Mensaje a la Tricontinental," como continuidad de lo analizado hasta esos momentos y convencido de que sólo mediante la lucha común es que se puede alcanzar la victoria.

Nunca como ahora, el llamado de Che se presenta con mayor nitidez, aunque se esté conciente de que los métodos o vías que se empleen actualmente, difieran de lo expuesto, dadas las circunstancias en que se vivía en aquellos tiempos. Ante la fuerza devastadora del capitalismo mundial, la única solución sigue siendo la de un enfrentamiento mundial vasto y prolongado, y en ese combate, el papel de los pueblos del tercer mundo continúa siendo de importancia extrema. Con toda razón, insistía, que la unidad a alcanzar estaría determinada por la presencia y apoyo de los países socialistas, quienes debían dejar a un lado las divergencias, por constituir estas una debilidad secundaria, frente a los grandes problemas que se dirimen en el mundo.

Para Che, la solución que se debía alcanzar, tenía que estar regida por principios fundamentales y por una ética consecuente, dado la incongruencia de posiciones que se estaban asumiendo, las que para nada contribuirían a un arreglo favorable.

Esas contradicciones, ajenas a la ética y a los principios, lo llevan a emplazar a los que les correspondía asumir el papel principal: "La solidaridad del mundo progresista para con el pueblo de Viet Nam semeja a la amarga ironía que significaba para los gladiadores del circo romano el estímulo a la plebe. No se trata de desear éxitos al agredido, sino de correr su misma suerte; acompañarlo a la muerte o a la victoria."[3]

En síntesis, esa posición era el punto de partida para alcanzar el objetivo de desarrollar una alianza verdadera entre los pueblos subdesarrollados y los socialistas, y el puente necesario para perfilar una estrategia global para la guerra contra las fuerzas imperialistas y para la liberación definitiva.

En la actualidad, el mundo ha sufrido un cambio profundo, motivado sustancialmente por la desaparición del socialismo. El llamado de Che acerca de los enormes problemas que acarrearían las divergencias existentes y las fisuras que presentaban, no fue escuchado, trayendo consigo un cambio sustancial en la correlación de fuerzas y donde Estados Unidos ha emergido como la mayor potencia.

Sin embargo, a pesar de los cambios tan profundos, no se ha perdido la continuidad entre la teoría de la liberación de Che y los movimientos sociales que aspiran a solucionar, a pesar de las coyunturas del momento, los problemas más agudos que enfrenta el mundo. El descartar una reacción internacional que defienda la soberanía de todas las naciones y la defensa de las conquistas alcanzadas por la humanidad a lo largo de su existencia, es del todo improbable. En esa lucha, el pensamiento y el ejemplo de Che, basados en un conocimiento profundo y conciente de la realidad, están vigentes en la perspectiva global de lucha.

Los que pretenden que vivimos en el mejor de los mundos posibles, creyendo que se puede olvidar la imposición de supuestos modelos de reorganización de las economías y de recetas impuestas por grandes instituciones internacionales que sólo traen más abandono y miseria, parecen olvidar que ante esos problemas cardinales, siempre se tratará de avanzar por otros caminos más viables y abarcadores.

En estrecha correspondencia con lo expresado, el estudio de los aportes de Che como creador de una concepción de lucha por el socialismo desde el poder mismo, y que fueron sintetizados en "El Socialismo y el hombre en Cuba," se mantiene como alternativa real de poder.

Para nada es casual que en "El Socialismo y el hombre en Cuba" hallemos las raíces de esos principios, a partir, primero, de sus experiencias en la lucha guerrillera en Cuba y la formación y evolución paulatina de una conciencia que permitiera avanzar en la consecución de fines mayores, que no era otro, que la construcción de una sociedad socialista en el Tercer Mundo.

Aborda problemas vitales, relacionando entre otros, el individuo y las masas y a su vez entre estos y el estado o sus dirigentes; el papel de la conciencia para lograr una participación real de las masas y los mecanismos o palancas para hacer que esta avance paralelamente a las variaciones que se están produciendo a escala social: los estímulos morales y la nueva concepción del trabajo como deber social; la formación del hombre nuevo a partir de una nueva conciencia, conjugado con valores nuevos, que den paso a una ética que produzca los cambios necesarios para el advenimiento de una nueva sociedad, donde primen nuevas relaciones de solidaridad y donde las relaciones entre las actuaciones cotidianas se correspondan con los objetivos finales que se quieran alcanzar.

El hombre se convierte en el centro mismo de los objetivos y preocupaciones de la nueva sociedad, haciendo que esta se convierta en "una gran escuela," que proporcione los mecanismos idóneos, para establecer una perfecta armonía entre el proceso educativo y la autoeducación, pilares del desarrollo tecnológico, que se requiere en la construcción de la sociedad socialista.

Este trabajo es expresión consecuente del humanismo marxista asumido por Che, donde el hombre actúa bajo condiciones concretas, dentro del proceso de construcción socialista, con una ética revolucionaria de sacrificio y solidaridad y donde sus actos se encaminan a alcanzar una real concordancia entre pensamiento y acción.

Sus concepciones sobre el humanismo se encontraban lo suficientemente estructuradas, para poder definir que, dentro de ellas, el hombre y la ética actúan como los resortes esenciales, encargados de conformar los nuevos valores morales y espirituales, si en verdad se quería formar al hombre del siglo XXI.

En esta, su percepción de la transición socialista, ocupa un primer plano la acción conciente y creadora de las masas, como un rasgo imprescindible dentro del marxismo de Che y que es asumido a partir de la experiencia que adquiere del pueblo cubano como actor fundamental en el poder, y en su caso particular, como dirigente de ese proceso.

La singularidad de su discurso está dada, en que esa revolución anticapitalista y de liberación se presenta como la síntesis de un humanismo que genera a su vez una revolución de las conciencias y una alta acumulación de cultura política, como requisito básico en el salto imprescindible para alcanzar una nueva moral que genere un avance cualitativo en su comportamiento.

De ahí, que no sea un simple ejercicio teórico las críticas que señala, una vez más, al socialismo real, al considerar fundamental el abandono a los valores revolucionarios, por ser los que dieron origen al surgimiento de un estancamiento generalizado como consecuencia de políticas erradas de dominación, que condujeron a un poder estatal alejado cada vez más de las masas, al imponer una marginación sin precedentes en la participación política y económica de la sociedad.

El resultado de todo ese proceso, lamentablemente es de todos conocido: un régimen económico inoperante y lo que es más importante aún, el abandono de principios intrínsecos al socialismo y al marxismo, como son el humanismo verdadero y el internacionalismo.

Che, atento al resultado que acarrearía tal política para el futuro de la humanidad, advirtió que: "Claro que hay peligros presentes en las actuales circunstancias. No sólo el del dogmatismo, no sólo el de congelar las relaciones con las masas en medio de la gran tarea; también existe el peligro de las debilidades en que se puede caer. Si un hombre piensa que para dedicar su vida entera a la revolución, no puede distraer su mente por la preocupación de que a un hijo le falte determinado producto, que los zapatos de los niños estén rotos, que su familia carezca de determinado bien necesario, bajo este razonamiento deja infiltrarse los gérmenes de la futura corrupción (...) La revolución se hace a través del hombre, pero el hombre tiene que forjar día a día su espíritu revolucionario."[4]

Por eso, conciente de las enormes dificultades del camino a seguir, al concluir la carta a Quijano, en ese singular decálogo, en el que combina principios filosóficos, éticos y políticos, advierte que "el camino es largo y desconocido en parte; conocemos nuestras limitaciones. Haremos el hombre del siglo XXI: nosotros mismos."[5]

Lo expuesto hasta aquí, como resumen de las propuestas esenciales de los trabajos que se presentan, lleva a afirmar que todos son exponentes de una audacia intelectual que trasciende su época y que continúan siendo válidas muchas de sus conjeturas, aunque el mundo, en parte, no siga siendo el mismo.

Los cambios que se han producido a escala global se focalizan, sobre todo, en el proceso de internacionalización del capitalismo, caracterizado por el pleno dominio de las relaciones económicas, tanto en lo productivo como en el liderazgo de los centros principales del capitalismo, y donde su expresión ideológica se concreta a partir de la consolidación del Neoliberalismo.

A pesar de la pretendida universalización del capitalismo, como se precisa anteriormente, el poder económico no es expresión de totalidad, sino de prerrogativa de solo un grupo de países que son los que controlan el dominio de las transnacionales, pues el resto de los países que integran la economía mundial queda en el polo de la pobreza, constituyendo la única forma de integración al sistema capitalista mundial.

En esta recomposición del poder, los países dependientes, más o menos desarrollados, quedan supeditados a los mecanismos económicos internacionales, encabezados por las potencias hegemónicas. Esa es una de las razones por lo que la Globalización, a pesar de ser presentada como la única vía indiscutible del progreso de la humanidad, tenga tantas fisuras, provocadas básicamente por sus propias esferas de interdependencia, donde las transnacionales utilizan regiones y países como instrumentos de su actividad global.

Enmarcada la Globalización en esos presupuestos, su expresión más determinante es la interdependencia global de los mercados financieros, permitida por las nuevas tecnologías de la información y la comunicación.

La paradoja de su comportamiento se centra en sus propias

contradicciones, es decir, en la globalización y la universalización, frente al proceso que se opera básicamente en la internacionalización de la economía, la que no sustituye en nada las desigualdades, ni siquiera las del neocolonialismo, el que lejos de eliminarse tiende a reforzarse a partir de la desaparición del mundo socialista.

El verdadero problema al que tiene que enfrentarse constantemente, es a la persistente deformación que emana de ese mundo globalizado, el que acarrea una mayor diferenciación entre ricos y pobres, a pesar del criterio sostenido que crea un mayor rendimiento y crecimiento económicos, aunque provoque un mayor desempleo, y en general, un aumento de la exclusión social y por consiguiente, de su participación en las alternativas políticas.

Otro rasgo determinante, es la programación de políticas económicas selectivas, como aparece en el Tratado de Libre Comercio para las Américas, que no es más que la base para que Estados Unidos subordine en forma selectiva y gradual a los países de América Latina que poseen mayores potencialidades y niveles de competitividad y que se insertan dentro de su esquema geopolítico y geoeconómico.

Esa política económica diseñada para los países latinoamericanos, al responder a necesidades de la política doméstica de Estados Unidos y no a los requerimientos de la economía de América Latina, se ha caracterizado siempre por su incongruencia y falta de desarrollo sostenido regional.

Ni que decir de aquellos países o regiones que ni siquiera se acercan a esos patrones. Un ejemplo típico de esto lo constituye el Continente Africano, el que se encuentra verdaderamente en una fase de extinción poblacional, al estar excluido de las zonas de influencia priorizadas.

Este panorama aciago del mundo globalizado de nuestros días, por más que sus defensores lo sostengan, genera, por sus propiedades intrínsecas, una permanente inseguridad y una profunda desmoralización, fuertemente relacionada con la ausencia total de solidaridad y con la destrucción de las bases sociales más emblemáticas de las conquistas culturales de la humanidad, que como nunca ve actualmente amenazada su producción cultural, a través del dominio del comercio sobre la literatura, como un proceso en el que se establece la ganancia como criterio único para evaluar la vasta producción de la humanidad.

En esa peculiar persistencia de Che de adelantarse a su tiempo, hace ya 40 años, en el discurso pronunciado en la Conferencia de Punta del Este de agosto del 61, denunciaba los planes que Estados Unidos quería imponer en materia cultural a los países latinoamericanos dentro del Programa de la Alianza para el Progreso, señalando que: "...Se pretende señores delegados, establecer el Mercado Común de la Cultura, organizado, dirigido, pagado, domesticado; la cultura de toda América al servicio de los planes de propaganda del imperialismo, para demostrar que el hambre de nuestro pueblo no es hambre, sino pereza ¡magnífico! (...) Frente a esto, nosotros respondemos (...) condenación total, absoluta (...) como un intento del imperialismo de domesticar lo único que nuestros pueblos estaban ahora salvando del desastre: la cultura nacional."[6]

Esa condena premonitoria se une a otras, que en estos momentos se levantan en la búsqueda de soluciones, dentro del denominado Movimiento Antiglobalización u otros, en los que se están analizando los verdaderos costos sociales de esa violencia económica que tratan de imponernos, así como tratar de alcanzar una unidad de acción social con el objetivo de preservar la obra común de la humanidad.

Encontrar la respuesta adecuada es responsabilidad de todos, sin confiar en que las soluciones van a resultar fáciles. En el "Mensaje," Che indicaba con certera visión, extensible a nuestros días, que "...la paz, esa paz precaria a la que se ha dado tal nombre, sólo porque no se ha producido ninguna conflagración de carácter mundial, está otra vez en peligro de romperse ante cualquier paso irreversible, e inaceptable, dado por los norteamericanos (...) El panorama del mundo muestra una gran complejidad. La tarea de la liberación espera aún a países de la vieja Europa, suficientemente desarrollados para sentir todas las contradicciones del capitalismo, pero tan débiles que no pueden ya seguir el rumbo del imperialismo o iniciar otra ruta. Allí las contradicciones alcanzarán en los próximos años carácter explosivo, pero sus problemas y, por ende, la solución de los mismos son diferentes a la de nuestros pueblos dependientes y atrasados económicamente."[7]

En esa búsqueda, la presencia de una ética que haga prevalecer los valores fundamentales del actuar humano, ante políticas de destrucción global, forma parte del quehacer de los actuales movimientos sociales, que se cuestionan las tendencias de fragmentación e individualización que trata de imponer el Neoliberalismo.

La defensa de un camino que los lleve a la liberación social y política de lo nacional a lo global, sin olvidar la necesidad que se tiene en estos tiempos de romper con el círculo consumista imperante y alcanzar una cultura profunda en nuestras conciencias y en las prácticas materiales y de relaciones sociales que se creen, acercaría a los movimientos sociales existentes, a una mayor comprensión sobre el desastre social de vastas proporciones que está imponiendo el Neoliberalismo a todo el mundo.

El proyecto de cambio social sostenido por Che a partir del surgimiento de revoluciones de liberación nacional y de su transición al socialismo, en los tiempos actuales, representa una fuente alternativa, para orientar a todo movimiento social que se proponga recrear el futuro.

El estudio consecuente de su pensamiento y de la asunción de su práctica revolucionaria, acorde con las nuevas reformulaciones que plantean los problemas centrales del mundo de hoy, lo acercan a las nuevas formas de lucha que se deben emprender y a sus probabilidades de éxito.

En las actuales situaciones de dominación reinantes, el proyecto del fin de toda dominación, unido al cese del egoísmo y el individualismo y al despliegue de las capacidades del ser humano liberado, actuando bajo los códigos de una nueva ética en un mundo de plena soberanía y paz, constituyeron las armas particulares que Che dejara, en unión de su vocación internacionalista, para tratar de lograr una transformación social que rebasara los límites locales y trascendiera hasta nuestros días, en el intento de obtener la plena liberación universal.

EN ARGELIA

QUERIDOS HERMANOS:

Cuba llega a esta Conferencia[1] a elevar por sí sola la voz de los pueblos de América y, como en otras oportunidades lo recalcáramos, también lo hace en su condición de país subdesarrollado que, al mismo tiempo, construye el socialismo. No es por casualidad que a nuestra representación se le permite emitir su opinión en el círculo de los pueblos de Asia y de Africa.[2] Una aspiración común, la derrota del imperialismo, nos une en nuestra marcha hacia el futuro; un pasado común de lucha contra el mismo enemigo nos ha unido a lo largo del camino.

Esta es una asamblea de los pueblos en lucha; ella se desarrolla en dos frentes de igual importancia y exige el total de nuestros esfuerzos. La lucha contra el imperialismo por librarse de las trabas coloniales o neocoloniales, que se lleva a efecto a través de las armas políticas, de las armas de fuego o por combinaciones de ambas, no está desligada de la lucha contra el atraso y la pobreza; ambas son etapas de un mismo camino que conduce a la creación de una sociedad nueva, rica y justa a la vez. Es imperioso obtener el poder político y liquidar a las clases opresoras, pero, después hay que afrontar la segunda etapa de la lucha que adquiere características, si cabe, más difíciles que la anterior.

Desde que los capitales monopolistas se apoderaron del mundo, han mantenido en la pobreza a la mayoría de la humanidad repartiéndose las ganancias entre el grupo de países más fuertes. El nivel de vida de esos países está basado en la miseria de los nuestros; para elevar el nivel de vida de los pueblos subdesarrollados, hay que luchar, pues, contra el imperialismo. Y cada vez que un país se desgaja del árbol imperialista, se está ganando no solamente una batalla parcial contra el enemigo fundamental, sino también contribuyendo a su real debilitamiento y dando un paso hacia la victoria definitiva.

No hay fronteras en esta lucha a muerte, no podemos permanecer indiferentes frente a lo que ocurre en cualquier parte del mundo, una victoria de cualquier país sobre el imperialismo es una victoria nuestra, así como la derrota de una nación cualquiera es una derrota para todos. El ejercicio del internacionalismo proletario es no sólo un deber de los pueblos que luchan por asegurar un futuro mejor; además, es una necesidad insoslayable. Si el enemigo imperialista, norteamericano o cualquier otro, desarrolla su acción contra los pueblos subdesarrollados y los países socialistas, una lógica elemental determina la necesidad de la alianza de los pueblos subdesarrollados y de los países socialistas; si no hubiera ningún otro factor de unión, el enemigo común debiera constituirlo.[3]

Claro que estas uniones no se pueden hacer espontáneamente, sin discusiones, sin que anteceda un pacto, doloroso a veces.

Cada vez que se libera un país, dijimos, es una derrota del sistema imperialista mundial, pero debemos convenir en que el desgajamiento no sucede por el mero hecho de proclamarse una independencia o lograrse una victoria por las armas en una revolución; sucede cuando el dominio económico imperialista cesa de ejercerse sobre un pueblo. Por lo tanto, a los países socialistas les interesa como cosa vital que se produzcan efectivamente estos desgajamientos y es nuestro deber internacional, el deber fijado por la ideología que nos dirige, el contribuir con nuestros esfuerzos a que la liberación se haga lo más rápida y profundamente que sea posible.

De todo esto debe extraerse una conclusión: el desarrollo de los países que empiezan ahora el camino de la liberación, debe costar a los países socialistas. Lo decimos así, sin el menor ánimo de chantaje o de espectacularidad, ni para la búsqueda fácil de una aproximación mayor al conjunto de los pueblos afroasiáticos; es una convicción profunda.

No puede existir socialismo si en las conciencias no se opera un cambio que provoque una nueva actitud fraternal frente a la humanidad, tanto de índole individual, en la sociedad en la que se construye o está construido el socialismo, como de índole mundial en relación a todos los pueblos que sufren la opresión imperialista.

Creemos que con este espíritu debe afrontarse la responsabilidad de ayuda a los países dependientes y que no debe hablarse más de desarrollar un comercio de beneficio mutuo basado en los precios que la ley del valor y las relaciones internacionales del intercambio desigual, producto de la ley del valor, oponen a los países atrasados.[4]

¿Cómo puede significar "beneficio mutuo" vender a precios del mercado mundial las materias primas que cuestan sudor y sufrimientos sin límites a los países atrasados y comprar a precios de mercado mundial las máquinas producidas en las grandes fábricas automatizadas del presente?

Si establecemos ese tipo de relación entre los dos grupos de naciones, debemos convenir en que los países socialistas son, en cierta manera, cómplices de la explotación imperial. Se puede argüir que el monto del intercambio con los países subdesarrollados, constituye una parte insignificante del comercio exterior de estos países. Es una gran verdad, pero no elimina el carácter inmoral del cambio.

Los países socialistas tienen el deber moral de liquidar su complicidad tácita con los países explotadores del Occidente. El hecho de que sea hoy pequeño el comercio no quiere decir nada: Cuba en el año 50 vendía ocasionalmente azúcar a algún país del bloque socialista, sobre todo a través de corredores ingleses o de otra nacionalidad. Y hoy el 80 por ciento de su comercio se desarrolla en esa área; todos sus abastecimientos vitales vienen del campo socialista y de hecho ha ingresado en ese campo. No podemos decir que este ingreso se haya producido por el mero aumento del comercio, ni que haya aumentado el comercio por el hecho de romper la viejas estructuras y encarar la forma socialista de desarrollo; ambos extremos se tocan y unos y otros se interrelacionan.

Nosotros no empezamos la carrera que terminará en el comunismo con todos los pasos previstos, como producto lógico de un desarrollo ideológico que marchara con un fin determinado; las verdades del socialismo, más las crudas verdades del imperialismo, fueron forjando a nuestro pueblo y enseñándole el camino que luego hemos adoptado conscientemente. Los pueblos de Africa y de Asia que vayan a su liberación definitiva deberán emprender esa misma ruta; la emprenderán más tarde o más temprano, aunque su socialismo tome hoy cualquier adjetivo definitorio. No hay otra definición de socialismo, válida para nosotros, que la abolición de la explotación del hombre por el hombre. Mientras esto no se produzca, se está en el período de construcción de la sociedad socialista y si en vez de producirse este fenómeno, la tarea de la supresión de la explotación se estanca o, aun, se retrocede en ella, no es válido hablar siquiera de construcción del socialismo.[5]

Tenemos que preparar las condiciones para que nuestros hermanos entren directa y conscientemente en la ruta de la abolición definitiva de la explotación, pero no podemos invitarlos a entrar, si nosotros somos un cómplice en esa explotación. Si nos preguntaran cuáles son los métodos para fijar precios equitativos, no podríamos contestar, no conocemos la magnitud práctica de esta cuestión, sólo sabemos que, después de discusiones políticas, la Unión Soviética y Cuba han firmado acuerdos ventajosos para nosotros mediante los cuales llegaremos a vender hasta cinco millones de toneladas a precios fijos superiores a los normales en el llamado mercado libre mundial azucarero. La República Popular China también mantiene esos precios de compra.

Esto es sólo un antecedente, la tarea real consiste en fijar los precios que permitan el desarrollo. Un gran cambio de concepción consistirá en cambiar el orden de las relaciones internacionales; no debe ser el comercio exterior el que fije la política sino, por el contrario, aquel debe estar subordinado a una política fraternal hacia los pueblos.

Analizaremos brevemente el problema de los créditos a largo plazo para desarrollar industrias básicas. Frecuentemente nos encontramos con que los países beneficiarios se aprestan a fundar bases industriales desproporcionadas a su capacidad actual, cuyos productos no se consumirán en el territorio y cuyas reservas se comprometerán en el esfuerzo.

Nuestro razonamiento es que las inversiones de los estados socialistas en su propio territorio pesan directamente sobre el presupuesto estatal y no se recuperan sino a través de la utilización de los productos en el proceso completo de su elaboración, hasta llegar a los últimos extremos de la manufactura. Nuestra proposición es que se piense en la posibilidad de realizar inversiones de ese tipo en los países subdesarrollados.

De esta manera se podría poner en movimiento una fuerza inmensa, subyacente en nuestros continentes que han sido miserablemente explotados, pero nunca ayudados en su desarrollo, y empezar una nueva etapa de auténtica división internacional del trabajo basada, no en la historia de lo que hasta hoy se ha hecho, sino en la historia futura de lo que se puede hacer.

Los estados en cuyos territorios se emplazarán las nuevas inversiones tendrían todos los derechos inherentes a una propiedad soberana sobre los mismos sin que mediare pago o crédito alguno, quedando obligados los poseedores a suministrar determinadas cantidades de productos a los países inversionistas, durante determinada cantidad de años y a un precio determinado.

Es digna de estudiar también la forma de financiar la parte local de los gastos en que debe incurrir un país que realice inversiones de este tipo. Una forma de ayuda, que no signifique erogaciones en divisas libremente convertibles, podría ser el suministro de productos de fácil venta a los gobiernos de los países subdesarrollados, mediante créditos a largo plazo.

Otro de los difíciles problemas a resolver es el de la conquista de la técnica.[6] Es bien conocido de todos la carencia de técnicos que sufrimos los países en desarrollo. Faltan instituciones y cuadros de enseñanza. Faltan a veces, la real conciencia de nuestras necesidades y la decisión de llevar a cabo una política de desarrollo técnico cultural e ideológico a la que se asigne una primera prioridad.

Los países socialistas deben suministrar la ayuda para formar los organismos de educación técnica, insistir en la importancia capital de este hecho y suministrar los cuadros que suplan la carencia actual. Es preciso insistir más sobre este último punto: los técnicos que vienen a nuestros países deben ser ejemplares. Son compañeros que deberán enfrentarse a un medio desconocido, muchas veces hostil a la técnica, que habla una lengua distinta y tiene hábitos totalmente diferentes.

Los técnicos que se enfrenten a la difícil tarea deben ser, ante todo, comunistas, en el sentido más profundo y noble de la palabra: con esa sola cualidad, más un mínimo de organización y de flexibilidad, se harán maravillas.

Sabemos que se puede lograr porque los países hermanos nos han enviado cierto número de técnicos que han hecho más por el desarrollo de nuestro país que diez institutos y han contribuido a nuestra amistad más que diez embajadores o cien recepciones diplomáticas.

Si se pudiera llegar a una efectiva realización de los puntos que hemos anotado y, además, se pusiera al alcance de los países subdesarrollados toda la tecnología de los países adelantados, sin utilizar los métodos actuales de patentes que cubren descubrimientos de unos u otros, habríamos progresado mucho en nuestra tarea común.

El imperialismo ha sido derrotado en muchas batallas parciales. Pero es una fuerza considerable en el mundo y no se puede aspirar a su derrota definitiva sino con el esfuerzo y el sacrificio de todos.

Sin embargo, el conjunto de medidas propuestas no se puede realizar unilateralmente. El desarrollo de los subdesarrollados debe costar a los países socialistas; de acuerdo, pero también deben ponerse en tensión las fuerzas de los países subdesarrollados y tomar firmemente la ruta de la construcción de una sociedad nueva — póngasele el nombre que se le ponga— donde la máquina, instrumento de trabajo, no sea instrumento de explotación del hombre por el hombre. Tampoco se puede pretender la confianza de los países socialistas cuando se juega al balance entre capitalismo y socialismo y se trata de utilizar ambas fuerzas como elementos contrapuestos, para sacar de esa competencia determinadas ventajas. Una nueva política de absoluta seriedad debe regir las relaciones entre los dos grupos de sociedades. Es conveniente recalcar una vez más, que los medios de producción deben estar preferentemente en manos del Estado, para que vayan desapareciendo gradualmente los signos de la explotación.

Por otra parte, no se puede abandonar el desarrollo a la improvisación más absoluta; hay que planificar la construcción de la nueva sociedad.

La planificación[7] es una de las leyes del socialismo y sin ella no existiría aquel. Sin una planificación correcta no puede existir una suficiente garantía de que todos los sectores económicos de cualquier país se liguen armoniosamente para dar los saltos hacia delante que demanda esta época que estamos viviendo. La planificación no es un problema aislado de cada uno de nuestros países, pequeños, distorsionados en su desarrollo, poseedores de algunas materias primas, o productores de algunos productos manufacturados o semimanufacturados, carentes de la mayoría de los otros. Esta deberá tender desde el primer momento, a cierta regionalidad para poder compenetrar las economías de los países y llegar así a una integración sobre la base de un auténtico beneficio mutuo.

Creemos que el camino actual está lleno de peligros, peligros que no son inventados ni previstos para un lejano futuro por alguna mente superior, son el resultado palpable de realidades que nos azotan. La lucha contra el colonialismo ha alcanzado sus etapas finales pero en la era actual, el estatus colonial no es sino una consecuencia de la dominación imperialista. Mientras el imperialismo exista, por definición, ejercerá su dominación sobre otros países; esa dominación se llama hoy neocolonialismo.

El neocolonialismo se desarrolló primero en Suramérica, en todo un continente, y hoy empieza a hacerse notar con intensidad creciente en Africa y Asia. Su forma de penetración y desarrollo tiene características distintas; una, es la brutal que conocimos en el Congo. La fuerza bruta, sin consideraciones ni tapujos de ninguna especie, es su arma extrema. Hay otra más sutil: la penetración en los países que se liberan políticamente, la ligazón con las nacientes burguesías autóctonas, el desarrollo de una clase burguesa parasitaria y en estrecha alianza con los intereses metropolitanos apoyados en un cierto bienestar o desarrollo transitorio del nivel de vida de los pueblos, debido a que, en países muy atrasados, el paso simple de las relaciones feudales a las relaciones capitalistas significa un avance grande, independientemente de las consecuencias nefastas que acarreen a la larga para los trabajadores.

El neocolonialismo ha mostrado sus garras en el Congo; ese no es un signo de poder sino de debilidad; ha debido recurrir a su arma extrema, la fuerza como argumento económico, lo que engendra reacciones opuestas de gran intensidad. Pero también se ejerce en otra serie de países de Africa y del Asia en forma mucho más sutil y se está rápidamente creando lo que algunos han llamado la suramericanización de estos continentes, es decir, el desarrollo de una burguesía parasitaria que no agrega nada a la riqueza nacional que, incluso, deposita fuera del país en los bancos capitalistas sus ingentes ganancias mal habidas y que pacta con el extranjero para obtener más beneficios, con un desprecio absoluto por el bienestar de su pueblo.

Hay otros peligros también, como el de la concurrencia entre países hermanos, amigos políticamente y, a veces vecinos que están tratando de desarrollar las mismas inversiones en el mismo tiempo y para mercados que muchas veces no lo admiten. Esta concurrencia tiene el defecto de gastar energías que podrían utilizarse de forma de una complementación económica mucho más vasta, además de permitir el juego de los monopolios imperialistas.

En ocasiones, frente a la imposibilidad real de realizar determinada inversión con la ayuda del campo socialista, se realiza ésta mediante acuerdos con los capitalistas. Y esas inversiones capitalistas tienen no sólo el defecto de la forma en que se realizan los préstamos, sino también otros complementarios de mucha importancia, como es el establecimiento de sociedades mixtas con un peligroso vecino. Como, en general, las inversiones son paralelas a las de otros estados, esto propende a las divisiones entre países amigos por diferencias económicas e instaura el peligro de la corrupción emanada de la presencia constante del capitalismo, hábil en la presentación de imágenes de desarrollo y bienestar que nublan el entendimiento de mucha gente.

Tiempo después, la caída de los precios en los mercados es la consecuencia de una saturación de producción similar. Los países afectados se ven en la obligación de pedir nuevos préstamos o permitir inversiones complementarias para la concurrencia. La caída de la economía en manos de los monopolios y un retorno lento pero seguro al pasado es la consecuencia final de una tal política. A nuestro entender, la única forma segura de realizar inversiones con la participación de las potencias imperialistas es la participación directa del estado como comprador íntegro de los bienes, limitando la acción imperialista a los contratos de suministros y no dejándolos entrar más allá de la puerta de calle de nuestra casa. Y aquí sí es lícito aprovechar las contradicciones interimperialistas para conseguir condiciones menos onerosas.

Hay que prestar atención a las "desinteresadas" ayudas económicas, culturales, etc., que el imperialismo otorga de por sí o a través de estados títeres mejor recibidos en ciertas partes del mundo.

Si todos los peligros apuntados no se ven a tiempo, el camino neocolonial puede inaugurarse en países que han empezado con fe y entusiasmo su tarea de liberación nacional, estableciéndose la dominación de los monopolios con sutileza, en una graduación tal que es muy difícil percibir sus efectos hasta que éstos se hacen sentir brutalmente.

Hay toda una tarea por realizar, problemas inmensos se plantean a nuestros dos mundos, el de los países socialistas y este llamado el Tercer Mundo; problemas que están directamente relacionados con el hombre y su bienestar y con la lucha contra el principal culpable de nuestro atraso.

Frente a ellos, todos los países y los pueblos, conscientes de sus deberes, de los peligros que entraña la situación, de los sacrificios que entraña el desarrollo, debemos tomar medidas concretas para que nuestra amistad se ligue en los dos planos, el económico y el político, que nunca pueden marchar separados, y formar un gran bloque compacto que a su vez ayude a nuevos países a liberarse no sólo del poder político sino también del poder económico imperialista.

El aspecto de la liberación por las armas de un poder político opresor debe tratarse según las reglas del internacionalismo proletario: si constituye un absurdo al pensar que un director de empresa de un país socialista en guerra vaya a dudar en enviar los tanques que produce a un frente donde no haya garantía de pago, no menos absurdo debe parecer el que se averigüe la posibilidad de pago de un pueblo que lucha por la liberación o ya necesite esas armas para defender su libertad. Las armas no pueden ser mercancía en nuestros mundos, deben entregarse sin costo alguno y en las cantidades necesarias y posibles a los pueblos que las demandan, para disparar contra el enemigo común. Ese es el espíritu con que la URSS y la República Popular China nos han brindado su ayuda militar. Somos socialistas, constituimos una garantía de utilización de esas armas, pero no somos los únicos y todos debemos tener el mismo tratamiento.

El ominoso ataque del imperialismo norteamericano contra Viet Nam o el Congo debe responderse suministrando a esos países hermanos todos los instrumentos de defensa que necesiten o dándoles toda nuestra solidaridad sin condición alguna.

En el aspecto económico, necesitamos vencer el camino del desarrollo con la técnica más avanzada posible. No podemos ponernos a seguir la larga escala ascendente de la humanidad desde el feudalismo hasta la era atómica y automática, porque sería un camino de ingentes sacrificios y parcialmente inútil. La técnica hay que tomarla donde esté; hay que dar el gran salto técnico para ir disminuyendo la diferencia que hoy existe entre los países más desarrollados y nosotros. Esta debe estar en las grandes fábricas y también en una agricultura convenientemente desarrollada y, sobre todo, debe tener sus pilares en una cultura técnica e ideológica con la suficiente fuerza y base de masas como para permitir la nutrición continua de los institutos y los aparatos de investigación que hay que crear en cada país y de los hombres que vayan ejerciendo la técnica actual y que sean capaces de adaptarse a las nuevas técnicas adquiridas.

Estos cuadros deben tener una clara conciencia de su deber para con la sociedad en la cual viven; no podrá haber una cultura técnica adecuada si no está complementada con una cultura ideológica. Y, en la mayoría de nuestros países, no podrá haber una base suficiente de desarrollo industrial, que es el que determina el desarrollo de la sociedad moderna, si no se empieza por asegurar al pueblo la comida necesaria, los bienes de consumo más imprescindibles y una educación adecuada.

Hay que gastar una buena parte del ingreso nacional en las inversiones llamadas improductivas de la educación y hay que dar una atención preferente al desarrollo de la productividad agrícola. Esta ha alcanzado niveles realmente increíbles en muchos países capitalistas, provocando el contrasentido de crisis de superproducción de invasión de granos y otros productos alimenticios o de materias primas industriales provenientes de países desarrollados, cuando hay todo un mundo que padece hambre y que tiene tierra y hombres suficientes para producir varias veces lo que el mundo entero necesita para nutrirse.

La agricultura debe ser considerada como un pilar fundamental en el desarrollo y, para ello, los cambios de la estructura agrícola y la adaptación a las nuevas posibilidades de la técnica y a las nuevas obligaciones de la eliminación de la explotación del hombre, deben constituir aspectos fundamentales del trabajo.

Antes de tomar determinaciones costosas que pudieran ocasionar daños irreparables, es preciso hacer una prospección cuidadosa del territorio nacional, constituyendo este aspecto uno de los pasos preliminares de la investigación económica y exigencia elemental en una correcta planificación.

Apoyamos calurosamente la proposición de Argelia en el sentido de institucionalizar nuestras relaciones. Queremos solamente presentar algunas consideraciones complementarias.

Primero: Para que la unión sea instrumento de la lucha contra el imperialismo, es preciso el concurso de los pueblos latinoamericanos y la alianza de los países socialistas.

Segundo: Debe velarse por el carácter revolucionario de la unión, impidiendo el acceso a ella de gobiernos o movimientos que no estén identificados con las aspiraciones generales de los pueblos y creando mecanismos que permitan la separación de alguno que se separe de la ruta justa, sea gobierno o movimiento popular.

Tercero: Debe propugnarse el establecimiento de nuevas relaciones en pie de igualdad entre nuestros países y los capitalistas, estableciendo una jurisprudencia revolucionaria que nos ampare en caso de conflicto y dé nuevo contenido a las relaciones entre nosotros y el resto del mundo.

Hablamos un lenguaje revolucionario y luchamos honestamente por el triunfo de esa causa, pero muchas veces nos enredamos nosotros mismos en las mallas de un derecho internacional creado como resultado de las confrontaciones de las potencias imperialistas y no por la lucha de los pueblos libres, y de los pueblos justos.

Nuestros pueblos, por ejemplo, sufren la presión angustiosa de bases extranjeras emplazadas en su territorio o deben llevar el pesado fardo de deudas externas de increíble magnitud. La historia de estas taras es bien conocida de todos; gobiernos títeres, gobiernos debilitados por una larga lucha de liberación o el desarrollo de las leyes capitalistas del mercado, han permitido la firma de acuerdos que amenazan nuestra estabilidad interna y comprometen nuestro porvenir.

Es la hora de sacudirnos el yugo, imponer la renegociación de las deudas externas opresivas y obligar a los imperialistas a abandonar sus bases de agresión.

No quisiera acabar estas palabras, esta repetición de conceptos de todos ustedes conocidos, sin hacer un llamado de atención a este seminario en el sentido de que Cuba no es el único país americano; simplemente, es el que tiene la oportunidad de hablar hoy ante ustedes; que otros pueblos están derramando su sangre, para lograr el derecho que nosotros tenemos y, desde aquí, y de todas las conferencias y en todos los lugares, donde se produzcan, simultáneamente con el saludo a los pueblos heroicos de Viet Nam, de Laos, de la Guinea llamada Portuguesa, de Sudáfrica o Palestina, a todos los países explotados que luchan por su emancipación debemos extender nuestra voz amiga, nuestra mano y nuestro aliento, a los pueblos hermanos de Venezuela, de Guatemala y de Colombia, que hoy, con las manos armadas, están diciendo definitivamente, No, al enemigo imperialista.

Y hay pocos escenarios para afirmarlo tan simbólicos como Argel, una de las más heroicas capitales de la libertad. Que el magnífico pueblo argelino, entrenado como pocos en los sufrimientos de la independencia, bajo la decidida dirección de su partido, con nuestro querido compañero Ahmed Ben Bella a la cabeza, nos sirva de inspiración en esta lucha sin cuartel contra el imperialismo mundial.

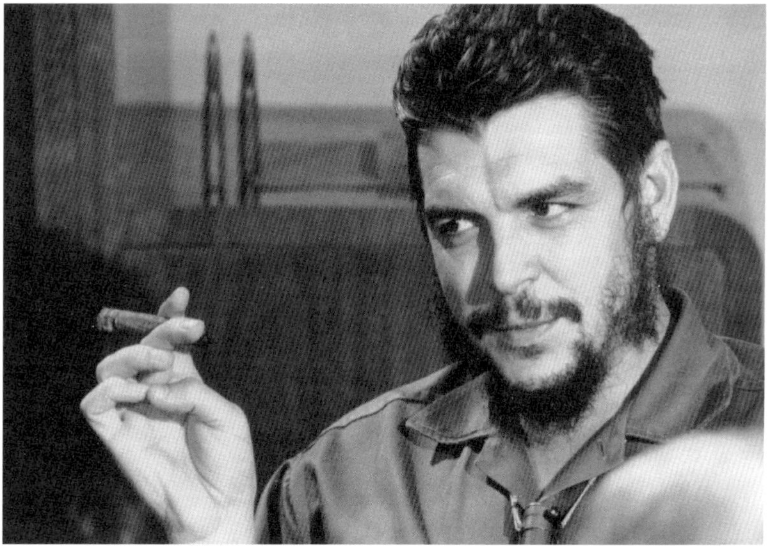

EL SOCIALISMO Y EL HOMBRE EN CUBA

ESTIMADO COMPAÑERO:[1]

Acabo estas notas en viaje por el Africa,[2] animado del deseo de cumplir, aunque tardíamente, mi promesa. Quisiera hacerlo tratando el tema del título. Creo que pudiera ser interesante para los lectores uruguayos.

Es común escuchar de boca de los voceros capitalistas, como un argumento en la lucha ideológica contra el socialismo, la afirmación de que este sistema social o el período de construcción del socialismo al que estamos nosotros abocados, se caracteriza por la abolición del individuo en aras del Estado. No pretenderé refutar esta afirmación sobre una base meramente teórica, sino establecer los hechos tal cual se viven en Cuba y agregar comentarios de índole general. Primero esbozaré a grandes rasgos la historia de nuestra lucha revolucionaria antes y después de la toma del poder.

Como es sabido, la fecha precisa en que se iniciaron las acciones revolucionarias que culminaron el primero de enero de 1959, fue el 26 de julio de 1953. Un grupo de hombres dirigidos por Fidel Castro atacó la madrugada de ese día el cuartel Moncada, en la provincia de Oriente. El ataque fue un fracaso, el fracaso se transformó en desastre y los sobrevivientes fueron a parar a la cárcel, para reiniciar, luego de ser amnistiados, la lucha revolucionaria.

Durante este proceso, en el cual solamente existían gérmenes de socialismo, el hombre era un factor fundamental. En él se confiaba, individualizado, específico, con nombre y apellido, y de su capacidad de acción dependía el triunfo o el fracaso del hecho encomendado.

Llegó la etapa de la lucha guerrillera. Esta se desarrolló en dos ambientes distintos: el pueblo, masa todavía dormida a quien había que movilizar, y su vanguardia, la guerrilla, motor impulsor del movimiento, generador de conciencia revolucionaria y de entusiasmo combativo. Fue esta vanguardia el agente catalizador, el que creó las condiciones subjetivas necesarias para la victoria. También en ella, en el marco del proceso de proletarización de nuestro pensamiento, de la revolución que se operaba en nuestros hábitos, en nuestras mentes, el individuo fue el factor fundamental. Cada uno de los combatientes de la Sierra Maestra que alcanzara algún grado superior en las fuerzas revolucionarias, tiene una historia de hechos notables en su haber. En base a estos lograba sus grados.

Fue la primera época heroica en la cual se disputaban por lograr un cargo de mayor responsabilidad, de mayor peligro, sin otra satisfacción que el cumplimiento del deber. En nuestro trabajo de educación revolucionaria volvemos a menudo sobre este tema aleccionador. En la actitud de nuestros combatientes se vislumbraba al hombre del futuro.[3]

En otras oportunidades de nuestra historia se repitió el hecho de la entrega total a la causa revolucionaria. Durante la Crisis de Octubre o en los días del ciclón Flora,[4] vimos actos de valor y sacrificio excepcionales realizados por todo un pueblo. Encontrar la fórmula para perpetuar en la vida cotidiana esa actitud heroica, es una de nuestras tareas fundamentales desde el punto de vista ideológico.

En enero de 1959 se estableció el Gobierno Revolucionario con la participación en él de varios miembros de la burguesía entreguista. La presencia del Ejército Rebelde constituía la garantía del poder, como factor fundamental de fuerza.

Se produjeron enseguida contradicciones serias, resueltas, en primera instancia, en febrero del 59, cuando Fidel Castro asumió la jefatura del Gobierno con el cargo de Primer Ministro. Culminaba el proceso en julio del mismo año, al renunciar el presidente Urrutia ante la presión de las masas.[5]

Aparecía en la historia de la Revolución Cubana, ahora con caracteres nítidos, un personaje que se repetirá sistemáticamente: la masa.

Este ente multifacético no es, como se pretende, la suma de elementos de la misma categoría (reducidos a la misma categoría, además, por el sistema impuesto), que actúa como un manso rebaño. Es verdad que sigue sin vacilar a sus dirigentes, fundamentalmente a Fidel Castro, pero el grado en que él ha ganado esa confianza responde precisamente a la interpretación cabal de los deseos del pueblo, de sus aspiraciones, y a la lucha sincera por el cumplimiento de las promesas hechas.

La masa participó en la Reforma Agraria[6] y en el difícil empeño de la administración de las empresas estatales; pasó por la experiencia heroica de Playa Girón; se forjó en la lucha contra las distintas bandas de bandidos armadas por la CIA[7]; vivió una de las definiciones más importantes de los tiempos modernos en la Crisis de Octubre y sigue hoy trabajando en la construcción del socialismo.

Vistas las cosas desde un punto de vista superficial, pudiera parecer que tienen razón aquellos que hablan de la supeditación del individuo al Estado; la masa realiza con entusiasmo y disciplina sin iguales las tareas que el gobierno fija, ya sean de índole económica, cultural, de defensa, deportiva, etcétera. La iniciativa parte en general de Fidel o del alto mando de la Revolución y es explicada al pueblo que la toma como suya. Otras veces, experiencias locales se toman por el Partido y el Gobierno para hacerlas generales, siguiendo el mismo procedimiento.

Sin embargo, el Estado se equivoca a veces. Cuando una de esas equivocaciones se produce, se nota una disminución del entusiasmo colectivo por efectos de una disminución cuantitativa de cada uno de los elementos que la forman, y el trabajo se paraliza hasta quedar reducido a magnitudes insignificantes; es el instante de rectificar. Así sucedió en marzo de 1962 ante la política sectaria impuesta al Partido por Aníbal Escalante.[8]

Es evidente que el mecanismo no basta para asegurar una sucesión de medidas sensatas y que falta una conexión más estructurada con la masa. Debemos mejorarlo durante el curso de los próximos años, pero, en el caso de las iniciativas surgidas en los estratos superiores del Gobierno utilizamos por ahora el método casi intuitivo de auscultar las reacciones generales frente a los problemas planteados.

Maestro en ello es Fidel, cuyo particular modo de integración con el pueblo sólo puede apreciarse viéndole actuar. En las grandes concentraciones públicas se observa algo así como el diálogo de dos diapasones cuyas vibraciones provocan otras nuevas en el interlocutor. Fidel y la masa comienzan a vibrar en un diálogo de intensidad creciente hasta alcanzar el clímax en un final abrupto, coronado por nuestro grito de lucha y de victoria.

Lo difícil de entender para quien no viva la experiencia de la Revolución es esa estrecha unidad dialéctica existente entre el individuo y la masa, donde ambos se interrelacionan y, a su vez la masa, como conjunto de individuos, se interrelaciona con los dirigentes.

En el capitalismo se pueden ver algunos fenómenos de este tipo cuando aparecen políticos capaces de lograr la movilización popular, pero si no se trata de un auténtico movimiento social, en cuyo caso no es plenamente lícito hablar de capitalismo, el movimiento vivirá lo que la vida de quien lo impulse o hasta el fin de las ilusiones populares, impuesto por el rigor de la sociedad capitalista. En esta, el hombre está dirigido por un frío ordenamiento que, habitualmente, escapa al dominio de su comprensión. El ejemplar humano, enajenado, tiene un invisible cordón umbilical que le liga a la sociedad en su conjunto: la ley del valor.[9] Ella actúa en todos los aspectos de su vida, va modelando su camino y su destino.

Las leyes del capitalismo, invisibles para el común de las gentes y ciegas, actúan sobre el individuo sin que este se percate. Sólo ve la amplitud de un horizonte que aparece infinito. Así lo presenta la vida capitalista que pretende extraer del caso Rockefeller[10] —verídico o no— una lección sobre las posibilidades de éxito. La miseria que es necesario acumular para que surja un ejemplo así y la suma de ruindades que conlleva una fortuna de esa magnitud no aparecen en el cuadro y no siempre es posible a las fuerzas populares aclarar estos conceptos. (Cabría aquí la disquisición sobre cómo en los países imperialistas los obreros van perdiendo su espíritu internacional de clase al influjo de una cierta complicidad en la explotación de los países dependientes y cómo este hecho, al mismo tiempo, lima el espíritu de lucha de las masas en el propio país, pero ese es un tema que sale de la intención de estas notas.) De todos modos, se muestra el camino con escollos que, aparentemente, un individuo con las cualidades necesarias puede superar para llegar a la meta. El premio se avizora en la lejanía; el camino es solitario. Además, es una carrera de lobos: solamente se puede llegar sobre el fracaso de otros.

Intentaré, ahora, definir al individuo, actor de ese extraño y apasionante drama que es la construcción del socialismo, en su doble existencia de ser único y miembro de la comunidad.

Creo que lo más sencillo es reconocer su cualidad de no hecho, de producto no acabado. Las taras del pasado se trasladan al presente en la conciencia individual y hay que hacer un trabajo continuo para erradicarlas.[11]

El proceso es doble, por una lado actúa la sociedad con su educación directa e indirecta, por otro, el individuo se somete a un proceso consciente de autoeducación.

La nueva sociedad en formación tiene que competir muy duramente con el pasado. Esto se hace sentir no sólo en la conciencia individual, en la que pesan los residuos de una educación sistemáticamente orientada al aislamiento del individuo, sino también por el carácter mismo de este período de transición con persistencia de las relaciones mercantiles. La mercancía es la célula económica de la sociedad capitalista; mientras exista, sus efectos se harán sentir en la organización de la producción y, por ende, en la conciencia.

En el esquema de Marx se concebía el período de transición como resultado de la transformación explosiva del sistema capitalista destrozado por sus contradicciones; en la realidad posterior se ha visto cómo se desgajan del árbol imperialista algunos países que constituyen las ramas débiles, fenómeno previsto por Lenin. En estos, el capitalismo se ha desarrollado lo suficiente como para hacer sentir sus efectos, de un modo u otro, sobre el pueblo, pero no son sus propias contradicciones las que, agotadas todas la posibilidades, hacen saltar el sistema.

La lucha de liberación contra un opresor externo, la miseria provocada por accidentes extraños, como la guerra, cuyas consecuencias hacen recaer las clases privilegiadas sobre los explotados, los movimientos de liberación destinados a derrocar regímenes neocoloniales, son los factores habituales de desencadenamiento. La acción consciente hace el resto.

En estos países no se ha producido todavía una educación completa para el trabajo social y la riqueza dista de estar al alcance de las masas mediante el simple proceso de apropiación. El subdesarrollo[12] por un lado y la habitual fuga de capitales hacia países "civilizados" por otro, hacen imposible un cambio rápido y sin sacrificios. Resta un gran tramo a recorrer en la construcción de la base económica y la tentación de seguir los caminos trillados del interés material, como palanca impulsora de un desarrollo acelerado, es muy grande.

Se corre el peligro de que los árboles impidan ver el bosque. Persiguiendo la quimera de realizar el socialismo con la ayuda de las armas melladas que nos legara el capitalismo (la mercancía como célula económica, la rentabilidad, el interés material individual como palanca, etcétera), se puede llegar a un callejón sin salida. Y se arriba allí tras de recorrer una larga distancia en la que los caminos se entrecruzan muchas veces y es difícil percibir el momento en que se equivocó la ruta. Entretanto, la base económica adaptada ha hecho su trabajo de zapa sobre el desarrollo de la conciencia. Para construir el comunismo, simultáneamente con la base material hay que hacer al hombre nuevo.

De allí que sea tan importante elegir correctamente el instrumento de movilización de las masas. Ese instrumento debe ser de índole moral, fundamentalmente, sin olvidar una correcta utilización del estímulo material, sobre todo de naturaleza social.[13]

Como ya dije, en momento de peligro extremo es fácil potenciar los estímulos morales; para mantener su vigencia, es necesario el desarrollo de una conciencia en la que los valores adquieran categorías nuevas. La sociedad en su conjunto debe convertirse en una gigantesca escuela.

Las grandes líneas del fenómeno son similares al proceso de formación de la conciencia capitalista en su primera época. El capitalismo recurre a la fuerza, pero, además, educa a la gente en el sistema. La propaganda directa se realiza por los encargados de explicar la ineluctabilidad de un régimen de clase, ya sea de origen divino o por imposición de la naturaleza como ente mecánico. Esto aplaca a las masas que se ven oprimidas por un mal contra el cual no es posible la lucha.

A continuación viene la esperanza, y en esto se diferencia de los anteriores regímenes de casta que no daban salida posible.

Para algunos continuará vigente todavía la fórmula de casta: el premio a los obedientes consiste en el arribo, después de la muerte, a otros mundos maravillosos donde los buenos son premiados, con lo que sigue la vieja tradición. Para otros, la innovación: la separación en clases es fatal, pero los individuos pueden salir de aquella a que pertenecen mediante el trabajo, la iniciativa, etcétera. Este proceso, y el de autoeducación para el triunfo, deben ser profundamente hipócritas: es la demostración interesada de que una mentira es verdad.

En nuestro caso, la educación directa[14] adquiere una importancia mucho mayor. La explicación es convincente porque es verdadera; no precisa de subterfugios. Se ejerce a través del aparato educativo del Estado en función de la cultura general, técnica e ideológica, por medio de organismos tales como el Ministerio de Educación y el aparato de divulgación del Partido. La educación prende en las masas y la nueva actitud preconizada tiende a convertirse en hábito; la masa la va haciendo suya y presiona a quienes no se han educado todavía. Esta es la forma indirecta de educar a las masas, tan poderosa como aquella otra.

Pero el proceso es consciente; el individuo recibe continuamente el impacto del nuevo poder social y percibe que no está completamente adecuado a él. Bajo el influjo de la presión que supone la educación indirecta, trata de acomodarse a una situación que siente justa y cuya propia falta de desarrollo le ha impedido hacerlo hasta ahora. Se autoeduca.

En este período de construcción del socialismo podemos ver el hombre nuevo que va naciendo. Su imagen no está todavía acabada; no podría estarlo nunca ya que el proceso marcha paralelo al desarrollo de formas económicas nuevas.

Descontando aquellos cuya falta de educación los hace tender al camino solitario, a la autosatisfacción de sus ambiciones, los hay que dentro de este nuevo panorama de marcha conjunta, tienen tendencia a caminar aislados de la masa que acompañan. Lo importante es que los hombres van adquiriendo cada día más conciencia de la necesidad de su incorporación a la sociedad y, al mismo tiempo, de su importancia como motores de la misma.

Ya no marchan completamente solos, por veredas extraviadas,

hacia lejanos anhelos. Siguen a su vanguardia,[15] constituida por el Partido, por los obreros de avanzada, por los hombres de avanzada que caminan ligados a las masas y en estrecha comunión con ellas. Las vanguardias tienen su vista puesta en el futuro y en su recompensa, pero ésta no se vislumbra como algo individual; el premio es la nueva sociedad donde los hombres tendrán características distintas: la sociedad del hombre comunista.

El camino es largo y lleno de dificultades. A veces, por extraviar la ruta, hay que retroceder; otras, por caminar demasiado aprisa, nos separamos de las masas; en ocasiones por hacerlo lentamente, sentimos el aliento cercano de los que nos pisan los talones. En nuestra ambición de revolucionarios tratamos de caminar tan aprisa como sea posible, abriendo caminos, pero sabemos que tenemos que nutrirnos de la masa y que ésta sólo podrá avanzar más rápido si la alentamos con nuestro ejemplo.

A pesar de la importancia dada a los estímulos morales, el hecho de que exista la división en dos grupos principales (excluyendo, claro está, a la fracción minoritaria de los que no participan, por una razón u otra, en la construcción del socialismo), indica la relativa falta de desarrollo de la conciencia social. El grupo de vanguardia es ideológicamente más avanzado que la masa; ésta conoce los valores nuevos, pero insuficientemente. Mientras en los primeros se produce un cambio cualitativo que les permite ir al sacrificio en su función de avanzada, los segundos sólo ven a medias y deben ser sometidos a estímulos y presiones de cierta intensidad; es la dictadura del proletariado ejerciéndose no sólo sobre la clase derrotada, sino también, individualmente, sobre la clase vencedora.

Todo esto entraña, para su éxito total, la necesidad de una serie de mecanismos, las instituciones revolucionarias.[16]

En la imagen de las multitudes marchando hacia el futuro, encaja el concepto de institucionalización como el de un conjunto armónico de canales, escalones, represas, aparatos bien aceitados que permitan esa marcha, que permitan la selección natural de los destinados a caminar en la vanguardia y que adjudiquen el premio y el castigo a los que cumplen o atenten contra la sociedad en construcción.

Esta institucionalidad de la Revolución todavía no se ha logrado. Buscamos algo nuevo que permita la perfecta identificación entre el Gobierno y la comunidad en su conjunto, ajustada a las condiciones peculiares de la construcción del socialismo y huyendo al máximo de los lugares comunes de la democracia burguesa, trasplantados a la sociedad en formación (como las cámaras legislativas, por ejemplo). Se han hecho algunas experiencias dedicadas a crear paulatinamente la institucionalización de la Revolución, pero sin demasiada prisa. El freno mayor que hemos tenido ha sido el miedo a que cualquier aspecto formal nos separe de las masas y del individuo, nos haga perder de vista la última y más importante ambición revolucionaria que es ver al hombre liberado de su enajenación.

No obstante la carencia de instituciones, lo que debe superarse gradualmente, ahora las masas hacen la historia como el conjunto consciente de individuos que luchan por una misma causa. El hombre, en el socialismo, a pesar de su aparente estandarización, es más completo; a pesar de mecanismo perfecto para ello, su posibilidad de expresarse y hacerse sentir en el aparato social es infinitamente mayor.

Todavía es preciso acentuar su participación consciente, individual y colectiva, en todos los mecanismos de dirección y producción y ligarla a la idea de la necesidad técnica e ideológica, de manera que sienta cómo estos procesos son estrechamente interdependientes y sus avances son paralelos. Así logrará la total conciencia de su ser social, lo que equivale a su realización plena como criatura humana, rotas las cadenas de la enajenación.

Esto se traducirá concretamente en la reapropiación de su naturaleza a través del trabajo liberado y la expresión de su propia condición humana a través de la cultura y el arte.

Para que se desarrolle en la primera, el trabajo debe adquirir una condición nueva[17]; la mercancía-hombre cesa de existir y se instala un sistema que otorga una cuota por el cumplimiento del deber social. Los medios de producción pertenecen a la sociedad y la máquina es sólo la trinchera donde se cumple el deber. El hombre comienza a liberar su pensamiento del hecho enojoso que suponía la necesidad de satisfacer sus necesidades animales mediante el trabajo. Empieza a verse retratado en su obra y a comprender su magnitud humana a través del objeto creado, del trabajo realizado. Esto ya no entraña dejar una parte de su ser en forma de fuerza de trabajo vendida, que no le pertenece más, sino que significa una emanación de sí mismo, un aporte a la vida común en que se refleja; el cumplimiento de su deber social.

Hacemos todo lo posible por darle al trabajo esta nueva categoría de deber social y unirlo al desarrollo de la técnica, por un lado, lo que dará condiciones para una mayor libertad, y al trabajo voluntario por otro, basados en la apreciación marxista de que el hombre realmente alcanza su plena condición humana cuando produce sin la compulsión de la necesidad física de venderse como mercancía.

Claro que todavía hay aspectos coactivos en el trabajo, aun cuando sea voluntario; el hombre no ha transformado toda la coerción que lo rodea en reflejo condicionado de naturaleza social y todavía produce, en muchos casos, bajo la presión del medio (compulsión moral, la llama Fidel). Todavía le falta el lograr la completa recreación espiritual ante su propia obra, sin la presión directa del medio social, pero ligado a él por los nuevos hábitos. Esto será el comunismo.

El cambio no se produce automáticamente en la conciencia, como no se produce tampoco en la economía. Las variaciones son lentas y no son rítmicas; hay períodos de aceleración, otros pausados e incluso, de retroceso.

Debemos considerar, además, como apuntáramos antes, que no estamos frente al período de transición puro, tal como lo viera Marx en la *Crítica del Programa de Gotha*, sino a una nueva fase no prevista por él; primer período de transición del comunismo o de la construcción del socialismo. Este transcurre en medio de violentas luchas de clase y con elementos de capitalismo en su seno que oscurecen la comprensión cabal de su esencia.[18]

Si a esto se agrega el escolasticismo que ha frenado el desarrollo de la filosofía marxista e impedido el tratamiento sistemático del período, cuya economía política no se ha desarrollado, debemos convenir en que todavía estamos en pañales y es preciso dedicarse a investigar todas las características primordiales del mismo antes de elaborar una teoría económica y política de mayor alcance.

La teoría que resulte dará indefectiblemente preeminencia a los dos pilares de la construcción: la formación del hombre nuevo y el desarrollo de la técnica. En ambos aspectos nos falta mucho por hacer, pero es menos excusable el atraso en cuanto a la concepción de la técnica como base fundamental, ya que aquí no se trata de avanzar a ciegas sino de seguir durante un buen tramo el camino abierto por los países más adelantados del mundo. Por ello Fidel machaca con tanta insistencia sobre la necesidad de la formación tecnológica y científica de todo nuestro pueblo y más aún, de su vanguardia.

En el campo de las ideas que conducen a actividades no productivas, es más fácil ver la división entre necesidad material y espiritual. Desde hace mucho tiempo el hombre trata de liberarse de la enajenación mediante la cultura y el arte. Muere diariamente las ocho y más horas en que actúa como mercancía para resucitar en su creación espiritual. Pero este remedio porta los gérmenes de la misma enfermedad: es un ser solitario el que busca comunión con la naturaleza. Defiende su individualidad oprimida por el medio y reacciona ante las ideas estéticas como un ser único cuya aspiración es permanecer inmaculado.

Se trata sólo de un intento de fuga. La ley del valor no es ya un mero reflejo de las relaciones de producción; los capitalistas monopolistas la rodean de un complicado andamiaje que la convierte en una sierva dócil, aun cuando los métodos que emplean sean puramente empíricos. La superestructura impone un tipo de arte en el cual hay que educar a los artistas. Los rebeldes son dominados por la maquinaria y sólo los talentos excepcionales podrán crear su propia obra. Los restantes devienen asalariados vergonzantes o son triturados.

Se inventa la investigación artística a la que se da como definitoria de la libertad, pero esta "investigación" tiene sus límites, imperceptibles hasta el momento de chocar con ellos, vale decir, de plantearse los reales problemas del hombre y su enajenación. La angustia sin sentido o el pasatiempo vulgar constituyen válvulas cómodas a la inquietud humana; se combate la idea de hacer del arte un arma de denuncia.

Si se respetan las leyes del juego se consiguen todos los honores; los que podría tener un mono al inventar piruetas. La condición es no tratar de escapar de la jaula invisible.

Cuando la Revolución tomó el poder se produjo el éxodo de los domesticados totales; los demás, revolucionarios o no, vieron un camino nuevo. La investigación artística cobró nuevo impulso. Sin embargo, las rutas estaban más o menos trazadas y el sentido del concepto fuga se escondió tras la palabra libertad. En los propios revolucionarios se mantuvo muchas veces esta actitud, reflejo del idealismo burgués en la conciencia.

En países que pasaron por un proceso similar se pretendió combatir estas tendencias con un dogmatismo exagerado. La cultura general se convirtió casi en un tabú y se proclamó súmmun de la aspiración cultural una representación formalmente exacta de la naturaleza, convirtiéndose esta, luego, en una representación mecánica de la realidad social que se quería hacer ver; la sociedad ideal, casi sin conflictos ni contradicciones, que se buscaba crear.[19] El socialismo es joven y tiene errores. Los revolucionarios carecemos, muchas veces, de los conocimientos y la audacia intelectual necesarios para encarar la tarea del desarrollo de un hombre nuevo por métodos distintos a los convencionales y los métodos convencionales sufren de la influencia de la sociedad que los creó. (Otra vez se plantea el tema de la relación entre forma y contenido.) La desorientación es grande y los problemas de la construcción material nos absorben. No hay artistas de gran autoridad que, a su vez, tengan gran autoridad revolucionaria. Los hombres del Partido deben tomar esa tarea entre las manos y buscar el logro del objetivo principal: educar al pueblo.

Se busca entonces la simplificación, lo que entiende todo el mundo, que es lo que entienden los funcionarios. Se anula la auténtica investigación artística y se reduce el problema de la cultura general a una apropiación del presente socialista y del pasado muerto (por tanto, no peligroso). Así nace el realismo socialista sobre las bases del arte del siglo pasado.

Pero el arte realista del siglo XIX, también es de clase, más puramente capitalista, quizás, que este arte decadente del siglo XX, donde se transparenta la angustia del hombre enajenado. El capitalismo en cultura ha dado todo de sí y no queda de él sino el anuncio de un cadáver maloliente; en arte, su decadencia de hoy. Pero, ¿por qué pretender buscar en las formas congeladas del realismo socialista la única receta válida? No se puede oponer al realismo socialista "la libertad," porque ésta no existe todavía, no existirá hasta el completo desarrollo de la sociedad nueva; pero no se pretenda condenar a todas las formas de arte posteriores a la primera mitad del siglo XIX desde el trono pontificio del realismo a ultranza, pues se caería en un error proudhoniano de retorno al pasado, poniéndole camisa de fuerza a la expresión artística del hombre que nace y se construye hoy.

Falta el desarrollo de un mecanismo ideológico-cultural que permita la investigación y desbroce la mala hierba, tan fácilmente multiplicable en el terreno abonado de la subvención estatal.

En nuestro país, el error del mecanismo realista no se ha dado, pero sí otro de signo contrario. Y ha sido por no comprender la necesidad de la creación del hombre nuevo, que no sea el que represente las ideas del siglo XIX, pero tampoco las de nuestro siglo decadente y morboso. El hombre del siglo XXI es el que debemos crear, aunque todavía es una aspiración subjetiva y no sistematizada.

Precisamente éste es uno de los puntos fundamentales de nuestro estudio y de nuestro trabajo y en la medida en que logremos éxitos concretos sobre una base teórica o, viceversa, extraigamos conclusiones teóricas de carácter amplio sobre la base de nuestra investigación concreta, habremos hecho un aporte valioso al marxismo-leninismo, a la causa de la humanidad.

La reacción contra el hombre del siglo XIX nos ha traído la reincidencia en el decadentismo del siglo XX; no es un error demasiado grave, pero debemos superarlo, so pena de abrir una ancho cauce al revisionismo.

Las grandes multitudes se van desarrollando, las nuevas ideas van alcanzando adecuado ímpetu en el seno de la sociedad, las posibilidades materiales de desarrollo integral de absolutamente todos sus miembros, hacen mucho más fructífera la labor. El presente es de lucha; el futuro es nuestro.

Resumiendo, la culpabilidad de muchos de nuestros intelectuales y artistas reside en su pecado original; no son auténticamente revolucionarios. Podemos intentar injertar el olmo para que dé peras, pero simultáneamente hay que sembrar perales. Las nuevas concepciones vendrán libres del pecado original. Las probabilidades de que surjan artistas excepcionales serán tanto mayores cuanto más se haya ensanchado el campo de la cultura y la posibilidad de expresión. Nuestra tarea consiste en impedir que la generación actual, dislocada por sus conflictos, se pervierta y pervierta a las nuevas. No debemos crear asalariados dóciles al pensamiento oficial ni becarios que vivan al amparo del presupuesto, ejerciendo una libertad entre comillas. Ya vendrán los revolucionarios que entonen el canto del hombre nuevo con la auténtica voz del pueblo. Es un proceso que requiere tiempo.

En nuestra sociedad, juegan un gran papel la juventud y el Partido.[20] Particularmente importante es la primera, por ser la arcilla maleable con que se puede construir al hombre nuevo sin ninguna de las taras anteriores.

Ella recibe un trato acorde con nuestras tradiciones. Su educación es cada vez más completa y no olvidamos su integración al trabajo desde los primeros instantes. Nuestros becarios hacen trabajo físico en sus vacaciones o simultáneamente con el estudio. El trabajo es un premio en ciertos casos, un instrumento de educación, en otros, jamás un castigo. Una nueva generación nace. El Partido es una organización de vanguardia. Los mejores trabajadores son propuestos por sus compañeros para integrarlo. Este es minoritario pero de gran autoridad por la calidad de sus cuadros. Nuestra aspiración es que el Partido sea de masas, pero cuando las masas hayan alcanzado el nivel de desarrollo de la vanguardia, es decir, cuando estén educados para el comunismo. Y a esa educación va encaminado el trabajo. El Partido es el ejemplo vivo; sus cuadros deben dictar cátedras de laboriosidad y sacrificio, deben llevar, con su acción, a las masas, al fin de la tarea revolucionaria, lo que entraña años de duro bregar contra las dificultades de la construcción, los enemigos de clase, las lacras del pasado, el imperialismo...

Quisiera explicar ahora el papel que juega la personalidad, el hombre como individuo dirigente de las masas que hacen la historia. Es nuestra experiencia, no una receta.

Fidel[21] dio a la Revolución el impulso en los primeros años, la dirección, la tónica siempre, pero hay un buen grupo de revolucionarios que se desarrollan en el mismo sentido que el dirigente máximo y una gran masa que sigue a sus dirigentes porque les tiene fe; y les tiene fe, porque ellos han sabido interpretar sus anhelos.

No se trata de cuántos kilogramos de carne se come o de cuántas veces por año pueda ir alguien a pasearse en la playa, ni de cuántas bellezas que vienen del exterior pueden comprarse con los salarios actuales. Se trata, precisamente, de que el individuo se sienta más pleno, con mucha más riqueza interior y con mucha más responsabilidad.

El individuo de nuestro país sabe que la época gloriosa que le toca vivir es de sacrificio; conoce el sacrificio. Los primeros lo conocieron en la Sierra Maestra y dondequiera que se luchó; después lo hemos conocido en toda Cuba. Cuba es la vanguardia de América y debe hacer sacrificios porque ocupa el lugar de avanzada, porque indica a las masas de América Latina el camino de la libertad plena.

Dentro del país, los dirigentes tienen que cumplir su papel de vanguardia; y, hay que decirlo con toda sinceridad, en una revolución verdadera, a la que se le da todo, de la cual no se espera ninguna retribución material, la tarea del revolucionario de vanguardia es a la vez magnífica y angustiosa.

Déjeme decirle, a riesgo de parecer ridículo, que el revolucionario verdadero está guiado por grandes sentimientos de amor. Es imposible pensar en un revolucionario auténtico sin esta cualidad. Quizás sea uno de los grandes dramas del dirigente; éste debe unir a un espíritu apasionado una mente fría y tomar decisiones dolorosas sin que se contraiga un músculo. Nuestros revolucionarios de vanguardia tienen que idealizar ese amor a los pueblos, a las causas más sagradas y hacerlo único, indivisible. No pueden descender con su pequeña dosis de cariño cotidiano hacia los lugares donde el hombre común lo ejercita.

Los dirigentes de la Revolución tienen hijos que en sus primeros balbuceos, no aprenden a nombrar al padre; mujeres que deben ser parte del sacrificio general de su vida para llevar la Revolución a su destino; el marco de los amigos responde estrictamente al marco de los compañeros de Revolución. No hay vida fuera de ella.

En esas condiciones, hay que tener una gran dosis de humanidad, una gran dosis de sentido de la justicia y de la verdad para no caer en extremos dogmáticos, en escolasticismos fríos, en aislamiento de las masas. Todos los días hay que luchar porque ese amor a la humanidad viviente se transforme en hechos concretos, en actos que sirvan de ejemplo, de movilización.

El revolucionario, motor ideológico de la Revolución dentro de su partido, se consume en esa actividad ininterrumpida que no tiene más fin que la muerte, a menos que la construcción se logre en escala mundial. Si su afán de revolucionario se embota cuando las tareas más apremiantes se ven realizadas a escala local y se olvida el internacionalismo proletario, la revolución que dirige deja de ser una fuerza impulsora y se sume en una cómoda modorra, aprovechada por nuestros enemigos irreconciliables, el imperialismo, que gana terreno. El internacionalismo proletario es un deber pero también es una necesidad revolucionaria. Así educamos a nuestro pueblo.

Claro que hay peligros presentes en las actuales circunstancias. No sólo el del dogmatismo, no sólo el de congelar las relaciones con las masas en medio de la gran carrera; también existe el peligro de las debilidades en que se puede caer. Si un hombre piensa que, para dedicar su vida entera a la revolución, no puede distraer su mente por la preocupación de que a un hijo le falta determinado producto, que los zapatos de los niños estén rotos, que su familia carezca de determinado bien necesario, bajo este razonamiento deja infiltrarse los gérmenes de la futura corrupción.

En nuestro caso hemos mantenido que nuestros hijos deben tener y carecer de lo que tienen y de lo que carecen los hijos del hombre común; y nuestra familia debe comprenderlo y luchar por ello. La revolución se hace a través del hombre, pero el hombre tiene que forjar día a día su espíritu revolucionario.

Así vamos marchando. A la cabeza de la inmensa columna —no nos avergüenza ni nos intimida el decirlo— va Fidel, después, los mejores cuadros del Partido, e inmediatamente, tan cerca que se siente su enorme fuerza, va el pueblo en su conjunto; sólida armazón de individualidades que caminan hacia un fin común; individuos que han alcanzado la conciencia de lo que es necesario hacer; hombres que luchan por salir del reino de la necesidad y entrar al de la libertad.

Esa inmensa muchedumbre se ordena; su orden responde a la conciencia de la necesidad del mismo; ya no es fuerza dispersa, divisible en miles de fracciones disparadas al espacio como fragmentos de granada, tratando de alcanzar por cualquier medio, en lucha reñida con sus iguales, una posición, algo que permita apoyo frente al futuro incierto.

Sabemos que hay sacrificios delante nuestro y que debemos pagar un precio por el hecho heroico de constituir una vanguardia como nación. Nosotros, dirigentes, sabemos que tenemos que pagar un precio por tener derecho a decir que estamos a la cabeza del pueblo que está a la cabeza de América.[22] Todos y cada uno de nosotros paga puntualmente su cuota de sacrificio, conscientes de recibir el premio en la satisfacción del deber cumplido, conscientes de avanzar con todos hacia el hombre nuevo que se vislumbra en el horizonte.

Permítanme intentar unas conclusiones:[23]

Nosotros, socialistas, somos más libres porque somos más plenos; somos más plenos por ser más libres.

El esqueleto de nuestra libertad completa está formado, falta la sustancia proteica y el ropaje; los crearemos.

Nuestra libertad y su sostén cotidiano tienen color de sangre y están henchidos de sacrificio.

Nuestro sacrificio es consciente; cuota para pagar la libertad que construimos. El camino es largo y desconocido en parte; conocemos nuestras limitaciones. Haremos el hombre del siglo XXI: nosotros mismos.

Nos forjaremos en la acción cotidiana creando un hombre nuevo con una nueva técnica.

La personalidad juega el papel de movilización y dirección en cuanto que encarna las más altas virtudes y aspiraciones del pueblo y no se separa de la ruta.

Quien abre el camino es el grupo de vanguardia, los mejores entre los buenos, el Partido.

La arcilla fundamental de nuestra obra es la juventud: en ella depositamos nuestra esperanza y la preparamos para tomar de nuestras manos la bandera.

Si esta carta balbuceante aclara algo, ha cumplido el objetivo con que la mando.

Reciba nuestro saludo ritual, como un apretón de manos o un "Ave María Purísima." Patria o muerte.

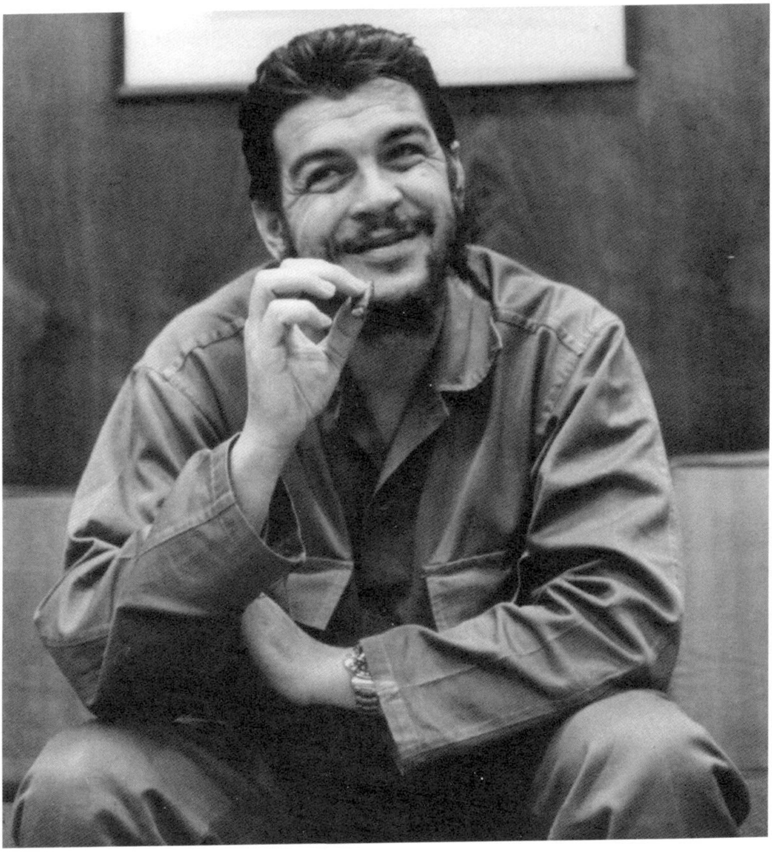

"CREAR DOS, TRES, MUCHOS VIET NAM, ES LA CONSIGNA"[1]

Es la hora de los hornos y no se ha de ver más que la luz.
JOSÉ MARTÍ

Ya se han cumplido veintiún años desde el fin de la última conflagración mundial y diversas publicaciones, en infinidad de lenguas, celebran el acontecimiento simbolizado en la derrota del Japón. Hay un clima de aparente optimismo en muchos sectores de los dispares campos en que el mundo se divide.

Veintiún años sin guerra mundial, en estos tiempos de confrontaciones máximas, de choques violentos y cambios repentinos, parecen una cifra muy alta. Pero, sin analizar los resultados prácticos de esa paz por la que todos nos manifestamos dispuestos a luchar (la miseria, la degradación, la explotación cada vez mayor de diversos sectores del mundo) cabe preguntarse si ella es real.

No es la intención de estas notas historiar los diversos conflictos de carácter local que se han sucedido desde la rendición de Japón, no es tampoco nuestra tarea hacer el recuento, numeroso y creciente, de luchas civiles ocurridas durante estos años de pretendida paz. Bástenos poner como ejemplos contra el desmedido optimismo las guerras de Corea y Viet Nam.[2] En la primera, tras años de lucha feroz, la parte norte del país quedó sumida en la más terrible devastación que figure en los anales de la guerra moderna; acribillada a bombas; sin fábricas, escuelas u hospitales; sin ningún tipo de habitación para albergar a diez millones de habitantes.

En esta guerra intervinieron, bajo la fementida bandera de las Naciones Unidas, decenas de países conducidos militarmente por los Estados Unidos, con la participación masiva de soldados de esa nacionalidad y el uso, como de carne de cañón, de la población sudcoreana enrolada.

En el otro bando, el ejército y el pueblo de Corea y los voluntarios de la República Popular China contaron con abastecimiento y asesoría del aparato militar soviético. Por parte de los norteamericanos se hicieron toda clase de pruebas de armas de destrucción, excluyendo las termonucleares pero incluyendo las bacteriológicas y químicas, en escala limitada. En Viet Nam, se han sucedido acciones bélicas, sostenidas por las fuerzas patrióticas de ese país casi ininterrumpidamente contra tres potencias imperialistas: Japón, cuyo poderío sufriera una caída vertical a partir de las bombas de Hiroshima y Nagasaki; Francia, que recupera de aquel país vencido sus colonias indochinas e ignoraba las promesas hechas en momentos difíciles; y los Estados Unidos, en esta última fase de la contienda.

Hubieron confrontaciones limitadas en todos los continentes, aún cuando en el Americano, durante mucho tiempo, sólo se produjeron conatos de lucha de liberación y cuartelazos, hasta que la revolución cubana diera su clarinada de alerta sobre la importancia de esta región y atrajera las iras imperialistas, obligándola a la defensa de sus costas en Playa Girón, primero, y durante la Crisis de Octubre, después.

Este último incidente pudo haber provocado una guerra de incalculables proporciones, al producirse, en torno a Cuba, el choque de norteamericanos y soviéticos.

Pero, evidentemente, el foco de las contradicciones, en este momento, está radicado en los territorios de la península indochina y los países aledaños. Laos y Viet Nam son sacudidos por guerras civiles, que dejan de ser tales al hacerse presente, con todo su poderío, el imperialismo norteamericano, y toda la zona se convierte en una peligrosa espoleta presta a detonar.

En Viet Nam la confrontación ha adquirido características de una agudeza extrema. Tampoco es nuestra intención historiar esta guerra. Simplemente, señalaremos algunos hitos de recuerdo.

En 1954, tras la derrota aniquilante de Dien-Bien-Phu, se firmaron los acuerdos de Ginebra, que dividía al país en dos zonas y estipulaba la realización de elecciones en un plazo de 18 meses para determinar quiénes debían gobernar a Viet Nam y cómo se reunificaría el país. Los norteamericanos no firmaron dicho documento, comenzando las maniobras para sustituir al emperador Bao-Dai, títere francés, por un hombre adecuado a sus intenciones. Este resultó ser Ngo-Din-Diem, cuyo trágico fin —el de la naranja exprimida por el imperialismo— es conocido por todos.

En los meses posteriores a la firma del acuerdo, reinó el optimismo en el campo de las fuerzas populares. Se desmantelaron reductos de lucha antifrancesa en el sur del país y se esperó el cumplimiento de lo pactado. Pero pronto comprendieron los patriotas que no habría elecciones a menos que los Estados Unidos se sintieran capaces de imponer su voluntad en las urnas, cosa que no podía ocurrir, aún utilizando todos los métodos de fraude de ellos conocidos.

Nuevamente se iniciaron las luchas en el sur del país y fueron adquiriendo mayor intensidad hasta llegar al momento actual, en que el ejército norteamericano se compone de casi medio millón de invasores, mientras las fuerzas títeres disminuyen su número, y sobre todo, han perdido totalmente la combatividad.

Hace cerca de dos años que los norteamericanos comenzaron el bombardeo sistemático de la República Democrática de Viet Nam en un intento más de frenar la combatividad del sur y obligar a una conferencia desde posiciones de fuerza. Al principio, los bombardeos fueron más o menos aislados y se revestían de la máscara de represalias por supuestas provocaciones del Norte. Después aumentaron en intensidad y método, hasta convertirse en una gigantesca batida llevada a cabo por las unidades aéreas de los Estados Unidos, día a día, con el propósito de destruir todo vestigio de civilización en la parte norte del país. Es un episodio de la tristemente célebre escalada. Las aspiraciones materiales del mundo yanqui se han cumplido en buena parte a pesar de la denodada defensa de las unidades antiaéreas vietnamitas, de los más de 1,700 aviones derribados y de la ayuda del campo socialista en material de guerra.

Hay una penosa realidad: Viet Nam, esa nación que representa las aspiraciones, las esperanzas de victoria de todo un mundo preterido, está trágicamente solo. Ese pueblo debe soportar los embates de la técnica norteamericana, casi a mansalva en el sur, con algunas posibilidades de defensa en el norte, pero siempre solo.

La solidaridad del mundo progresista para con el pueblo de Viet Nam semeja a la amarga ironía que significa para los gladiadores del circo romano el estimulo de la plebe. No se trata de desear éxitos al agredido, sino de correr su misma suerte; acompañarlo a la muerte o la victoria.

Cuando analizamos la soledad vietnamita nos asalta la angustia de este momento ilógico de la humanidad.[3]

El imperialismo norteamericano es culpable de agresión; sus crímenes son inmensos y repartidos por todo el orbe. ¡Ya lo sabemos, señores¡ Pero también son culpables los que en el momento de definición vacilaron en hacer de Viet Nam parte inviolable del territorio socialista, corriendo, sí, los riesgos de una guerra de alcance mundial, pero también obligando a una decisión a los imperialistas norteamericanos. Y son culpables los que mantienen una guerra de denuestos y zancadillas comenzada hace ya buen tiempo por los representantes de las dos más grandes potencias del campo socialista.[4]

Preguntemos, para lograr una respuesta honrada: ¿Está o no aislado el Viet Nam, haciendo equilibrios peligrosos entre las dos potencias en pugna?

Y: ¡qué grandeza la de ese pueblo! ¡Qué estoicismo y valor, el de ese pueblo! Y qué lección para el mundo entraña esa lucha.

Hasta dentro de mucho tiempo no sabremos si el presidente Johnson[5] pensaba en serio iniciar algunas de las reformas necesarias a un pueblo — para limar aristas de las contradicciones de clase que asoman con fuerza explosiva y cada vez más frecuentemente. Lo cierto es que las mejoras anunciadas bajo el pomposo título de lucha por la gran sociedad han caído en el sumidero de Viet Nam.

El más grande de los poderes imperialistas siente en sus entrañas el desangramiento provocado por un país pobre y atrasado y su fabulosa economía se resiente del esfuerzo de guerra. Matar deja de ser el más cómodo negocio de los monopolios. Armas de contención, y no en número suficiente, es todo lo que tienen estos soldados maravillosos, además del amor a su patria, a su sociedad y un valor a toda prueba. Pero el imperialismo se empantana en Viet Nam, no halla camino de salida y busca desesperadamente alguno que le permita sortear con dignidad este peligroso trance en que se ve. Mas los "cuatro puntos" del Norte y "los cinco" del Sur lo atenazan, haciendo aún más decidida la confrontación.

Todo parece indicar que la paz, esa paz precaria a la que se ha dado tal nombre, sólo porque no se ha producido ninguna conflagración de carácter mundial, está otra vez en peligro de romperse ante cualquier paso irreversible, e inaceptable, dado por los norteamericanos.

Y, a nosotros, explotados del mundo, ¿cuál es el papel que nos corresponde? Los pueblos de tres continentes observan y aprenden su lección en Viet Nam. Ya que, con la amenaza de guerra, los imperialistas ejercen su chantaje sobre la humanidad, no temer la guerra, es la respuesta justa. Atacar dura e ininterrumpidamente en cada punto de confrontación, debe ser la táctica general de los pueblos.[6]

Pero, en los lugares en que esta mísera paz que sufrimos nos ha sido rota, ¿cuál será nuestra tarea? Liberarnos a cualquier precio.

El panorama del mundo muestra una gran complejidad. La tarea de la liberación espera a países de la vieja Europa, suficientemente desarrollados para sentir todas las contradicciones del capitalismo, pero tan débiles que no pueden ya seguir el rumbo del imperialismo o iniciar esa ruta. Allí las contradicciones alcanzarán en los próximos años carácter explosivo, pero sus problemas y, por ende, la solución de los mismos son diferentes a la de nuestros pueblos dependientes y atrasados económicamente.

El campo fundamental de la explotación del imperialismo abarca los tres continentes atrasados, América, Asia y África. Cada país tiene características propias, pero los continentes, en su conjunto, también las presentan.

América constituye un conjunto más o menos homogéneo y en la casi totalidad de su territorio los capitales monopolistas norteamericanos mantienen una primacía absoluta.[7] Los gobiernos títeres o, en el mejor de los casos, débiles y medrosos, no pueden oponerse a las órdenes del amo yanqui. Los norteamericanos han llegado casi al máximo de su dominación política y económica, poco más podrían avanzar ya; cualquier cambio de la situación podría convertirse en un retroceso en su primacía. Su política es mantener lo conquistado. La línea de acción se reduce en el momento actual, al uso brutal de la fuerza para impedir movimientos de liberación, de cualquier tipo que sean.

Bajo el slogan, "no permitiremos otra Cuba," se encubre la posibilidad de agresiones a mansalva, como la perpetrada contra Santo Domingo, o anteriormente, la masacre de Panamá, y la clara advertencia de que las tropas yanquis están dispuestas a intervenir en cualquier lugar de América donde el orden establecido sea alterado, poniendo en peligro sus intereses. Esa política cuenta con una impunidad casi absoluta; la OEA es una máscara cómoda, por desprestigiada que esté; la ONU es de una ineficiencia rayana en el ridículo o en lo trágico; los ejércitos de todos los países de América están listos a intervenir para aplastar a sus pueblos. Se ha formado, de hecho, la internacional del crimen y la traición.

Por otra parte las burguesías autóctonas[8] han perdido toda su capacidad de oposición al imperialismo —si alguna vez la tuvieron— y sólo forman su furgón de cola. No hay más cambios que hacer; o revolución socialista o caricatura de revolución.

Asia es un continente de características diferentes. Las luchas de liberación contra una serie de poderes coloniales europeos, dieron por resultado el establecimiento de gobiernos más o menos progresistas, cuya evolución posterior ha sido, en algunos casos, de profundización de los objetivos primarios de la liberación nacional y en otros de reversión hacia posiciones pro-imperialistas.

Desde el punto de vista económico, Estados Unidos tenía poco que perder y mucho que ganar en Asia. Los cambios le favorecen; se lucha por desplazar a otros poderes neocoloniales, penetrar nuevas esferas de acción en el campo económico, a veces directamente, otras utilizando al Japón.

Pero existen condiciones políticas especiales, sobre todo en la península Indochina, que le dan características de capital importancia al Asia y juegan un papel importante en la estrategia militar global del imperialismo norteamericano. Este ejerce un cerco a China a través de Corea del Sur, Japón, Taiwán, Viet Nam del Sur y Tailandia, por lo menos.[9]

Esa doble situación; un interés estratégico tan importante como el cerco militar a la República Popular China y la ambición de sus capitales por penetrar esos grandes mercados que todavía no dominan, hacen que el Asia sea uno de los lugares más explosivos del mundo actual, a pesar de la aparente tranquilidad fuera del área vietnamita.

Perteneciendo geográficamente a este continente, pero con sus propias contradicciones, el Oriente Medio está en plena ebullición, sin que se pueda prever hasta donde llegará esa guerra fría entre Israel, respaldada por los imperialistas, y los países progresistas de la zona. Es otro de los volcanes amenazadores del mundo.

El África, ofrece las características de ser un campo casi virgen para la invasión neocolonial. Se han producido cambios que, en alguna medida, obligaron a los poderes neocoloniales a ceder sus antiguas prerrogativas de carácter absoluto. Pero, cuando los procesos se llevan a cabo ininterrumpidamente, al colonialismo sucede, sin violencia, un neocolonialismo de iguales efectos en cuanto a la dominación económica se refiere.

Estados Unidos no tenía colonias en esta región y ahora lucha por penetrar en los antiguos cotos cerrados de sus socios. Se puede asegurar que África constituye, en los planes estratégicos del imperialismo norteamericano, su reservorio a largo plazo; sus inversiones actuales solo tienen importancia en la Unión Sudafricana y comienza su penetración en el Congo, Nigeria y otros países, donde se inicia una violenta competencia (con carácter pacífico hasta ahora) con otros poderes imperialistas.

No tiene todavía grandes intereses que defender salvo su pretendido derecho a intervenir en cada lugar del globo en que sus monopolios olfateen buenas ganancias o la existencia de grandes reservas de materias primas.

Todos estos antecedentes hacen lícito el planteamiento interrogante sobre las posibilidades de liberación de los pueblos a corto o mediano plazo.

Si analizamos el África veremos que se lucha con alguna intensidad en las colonias portuguesas de Guinea, Mozambique y Angola, con particular éxito en la primera y con éxito variable en las dos restantes. Que todavía se asiste a la lucha entre los sucesores de Lumumba y los viejos cómplices de Tshombe en el Congo, lucha que, en el momento actual, parece inclinarse a favor de los últimos, los que han "pacificado" en su propio provecho una gran parte del país, aunque la guerra se mantenga latente.

En Rhodesia el problema es diferente: el imperialismo británico utilizó todos los mecanismos a su alcance para entregar el poder a la minoría blanca que lo detenta actualmente. El conflicto, desde el punto de vista de Inglaterra, es absolutamente antioficial, sólo que esta potencia, con su habitual habilidad diplomática —también llamada hipocresía en buen romance— presenta una fachada de disgustos ante las medidas tomadas por el gobierno de Ian Smith, y es apoyada en su taimada actitud por algunos de los países del Commonwealth que la siguen, y atacada por una buena parte de los países del África Negra, sean o no dóciles vasallos económicos del imperialismo inglés.

En Rhodesia la situación puede tornarse sumamente explosiva si cristalizaran los esfuerzos de los patriotas negros para alzarse en armas y este movimiento fuera apoyado efectivamente por las naciones africanas vecinas. Pero por ahora todos los problemas se ventilan en organismos tan inocuos como la ONU, el Commonwealth o la OUA.

Sin embargo, la evolución política y social del África no hace prever una situación revolucionaria continental. Las luchas de liberación contra los portugueses deben terminar victoriosamente, pero Portugal no significa nada en la nómina imperialista. Las confrontaciones de importancia revolucionaria son las que ponen en jaque a todo el aparato imperialista, aunque no por eso dejemos de luchar por la liberación de las tres colonias portuguesas y por la profundización de sus revoluciones.

Cuando las masas negras de Sudáfrica o Rhodesia inicien su auténtica lucha revolucionaria, se habrá iniciado una nueva época en el África. O, cuando las masas empobrecidas de un país se lancen a rescatar su derecho a una vida digna, de las manos de las oligarquías gobernantes.

Hasta ahora se suceden los golpes cuartelarios en que un grupo de oficiales reemplaza a otro o a un gobernante que ya no sirva sus intereses de casta y a los de las potencias que los manejan solapadamente pero no hay convulsiones populares. En el Congo se dieron fugazmente estas características impulsadas por el recuerdo de Lumumba, pero han ido perdiendo fuerzas en los últimos meses.

En Asia, como vimos, la situación es explosiva, y no son sólo Viet Nam y Laos, donde se lucha, los puntos de fricción. También lo es Cambodia, donde en cualquier momento puede iniciarse la agresión directa norteamericana, Tailandia, Malasia y, por supuesto, Indonesia, donde no podemos pensar que se haya dicho la última palabra pese al aniquilamiento del Partido Comunista de ese país, al ocupar el poder los reaccionarios. Y, por supuesto, el Oriente Medio.

En América Latina se lucha con las armas en la mano en Guatemala, Colombia, Venezuela y Bolivia y despuntan ya los primeros brotes en Brasil. Hay otros focos de resistencia que aparecen y se extinguen. Pero casi todos los países de este continente están maduros para una lucha de tipo tal, que para resultar triunfante, no puede conformarse con menos que la instauración de un gobierno de corte socialista.

En este continente se habla prácticamente una lengua, salvo el caso excepcional del Brasil, con cuyo pueblo los de habla hispana pueden entenderse, dada la similitud entre ambos idiomas. Hay una identidad tan grande entre las clases de estos países que logran una identificación de tipo "internacional americano," mucho más completa que en otros continentes. Lengua, costumbres, religión, amo común, los unen. El grado y las formas de explotación son similares en sus efectos para explotadores y explotados de una buena parte de los países de nuestra América. Y la rebelión está madurando aceleradamente en ella.

Podemos preguntarnos: esta rebelión, ¿cómo fructificará?; ¿de qué tipo será? Hemos sostenido desde hace tiempo que, dadas sus características similares, la lucha en América adquirirá, en su momento, dimensiones continentales. Será escenario de muchas grandes batallas dadas por la humanidad para su liberación.

En el marco de esa lucha de alcance continental, las que actualmente se sostienen en forma activa son sólo episodios, pero ya han dado los mártires que figurarán en la historia americana como entregando su cuota de sangre necesaria en esta última etapa de la lucha por la libertad plena del hombre. Allí figurarán lo nombres del Cmdte. Turcios Lima, del cura Camilo Torres, del Cmdte. Fabricio Ojeda, de los Cmdtes. Lobatón y Luis de la Puente Uceda, figuras principalísimas en los movimientos revolucionarios de Guatemala, Colombia, Venezuela y Perú.

Pero la movilización activa del pueblo crea sus nuevos dirigentes; César Montes y Yon Sosa levantan la bandera en Guatemala, Fabio Vázquez y Marulanda lo hacen en Colombia, Douglas Bravo en el occidente del país y Américo Martín en El Bachiller, dirigen sus respectivos frentes en Venezuela.

Nuevos brotes de guerra surgirán en estos y otros países americanos, como ya ha ocurrido en Bolivia, e irán creciendo, con todas las vicisitudes que entraña este peligroso oficio de revolucionario moderno. Muchos morirán víctimas de sus errores, otros caerán en el duro combate que se avecina; nuevos luchadores y nuevos dirigentes surgirán al calor de la lucha revolucionaria. El pueblo irá formando sus combatientes y sus conductores en el marco selectivo de la guerra misma, y los agentes yanquis de represión aumentarán. Hoy hay asesores en todos los países donde la lucha armada se mantiene y el ejército peruano realizó, al parecer, una exitosa batida contra los revolucionarios de ese país, también asesorado y entrenado por los yanquis. Pero si los focos de guerra se llevan con suficiente destreza política y militar, se harán práctica-mente imbatibles y exigirán nuevos envíos de los yanquis. En el propio Perú, con tenacidad y firmeza, nuevas figuras aún no completamente conocidas, reorganizan la lucha guerrillera. Poco a poco, las armas obsoletas que bastan para la represión de las pequeñas bandas armadas, irán convirtiéndose en armas modernas y los grupos de asesores en combatientes norteamericanos, hasta que, en un momento dado, se vean obligados a enviar cantidades crecientes de tropas regulares para asegurar la relativa estabilidad de un poder cuyo ejército nacional títere se desintegra ante los combates de las guerrillas. Es el camino de Viet Nam; es el camino que deben seguir los pueblos; es el camino que seguirá América, con la característica especial de que los grupos en armas pudieran formar algo así como Juntas de Coordinación para hacer más difícil la tarea represiva del imperialismo yanqui y facilitar la propia causa.

América, continente olvidado por la últimas luchas políticas de liberación, que empieza a hacerse sentir a través de la Tricontinental en la voz de la vanguardia de sus pueblos, que es la Revolución Cubana, tendrá una tarea de mucho mayor relieve: la de la creación del Segundo o Tercer Viet Nam o del Segundo o Tercer Viet Nam del mundo.

En definitiva, hay que tener en cuenta que el imperialismo es un sistema mundial, última etapa del capitalismo, y que hay que batirlo en una confrontación mundial. La finalidad estratégica de esa lucha debe ser la destrucción del imperialismo. La participación que nos toca a nosotros, los explotados y atrasados del mundo, es la de eliminar las bases de sustentación del imperialismo: nuestros pueblos oprimidos, de donde extraen capitales, materias primas, técnicos y obreros baratos y adonde exportan nuevos capitales —instrumentos de dominación— armas y toda clase de artículos, sumiéndonos en una dependencia absoluta.

El elemento fundamental de esa finalidad estratégica será, entonces, la liberación real de los pueblos; liberación que se producirá a través de lucha armada, en la mayoría de los casos, y que tendrá, en América, casi indefectiblemente, la propiedad de convertirse en una Revolución Socialista.

Al enfocar la destrucción del imperialismo, hay que identificar a su cabeza, la que no es otra que los Estados Unidos de Norteamérica.

Debemos realizar una tarea de tipo general que tenga como finalidad táctica sacar al enemigo de su ambiente obligándolo a luchar en lugares donde sus hábitos de vida choquen con la realidad imperante. No se debe despreciar al adversario; el soldado norteamericano tiene capacidad técnica y está respaldado por medios de tal magnitud que lo hacen temible. Le falta esencialmente la motivación ideológica que tienen en grado sumo sus más enconados rivales de hoy: los soldados vietnamitas. Solamente podremos triunfar sobre ese ejército en la medida en que logremos minar su moral. Y ésta se mina infligiéndole derrotas y ocasionándole sufrimientos repetidos.

Pero este pequeño esquema de victorias encierra dentro de sí sacrificios inmensos de los pueblos, sacrificios que deben exigirse desde hoy, a la luz del día y que quizás sean menos dolorosos que los que debieran soportar si rehuyéramos constantemente el combate, para tratar de que otros sean los que nos saquen las castañas del fuego.

Claro que, el último país en liberarse, muy probablemente lo hará sin lucha armada, y los sufrimientos de una guerra larga y tan cruel como la que hacen los imperialistas, se le ahorrará a ese pueblo. Pero tal vez sea imposible eludir esa lucha o sus efectos, en una contienda de carácter mundial y se sufra igual o más aún.

No podemos predecir el futuro, pero jamás debemos ceder a la tentación claudicante de ser los abanderados de un pueblo que anhela su libertad, pero reniega de la lucha que esta conlleva y la espera como un mendrugo de victoria.

Es absolutamente justo evitar todo sacrificio inútil. Por eso es tan importante el esclarecimiento de las posibilidades efectivas que tiene la América dependiente de liberarse en forma pacífica. Para nosotros está clara la solución de esta interrogante; podrá ser o no el momento actual el indicado para iniciar la lucha, pero no podemos hacernos ninguna ilusión, ni tenemos derecho a ello, de lograr la libertad sin combatir. Y los combates no serán meras luchas callejeras de piedras contra gases lacrimógenos, ni de huelgas generales pacíficas; ni será la lucha de un pueblo enfurecido que destruya en dos o tres días el andamiaje represivo de las oligarquías gobernantes; será una lucha larga, cruenta, donde su frente estará en los refugios guerrilleros, en las ciudades, en las casa de los combatientes —donde la represión irá buscando víctimas fáciles entre sus familiares— en la población campesina masacrada, en las aldeas o ciudades destruidas por el bombardeo enemigo.

Nos empujan a esa lucha; no hay más remedio que prepararla y decidirse a emprenderla.

Los comienzos no serán fáciles; serán sumamente difíciles. Toda la capacidad de represión, toda la capacidad de brutalidad y demagogia de las oligarquías se pondrá al servicio de su causa. Nuestra misión, en la primera hora, es sobrevivir, después actuará el ejemplo perenne de la guerrilla realizando la propaganda armada en la acepción vietnamita de la frase, vale decir, la propaganda de los tiros, de los combates que se ganan o se pierden, pero se dan, contra los enemigos. La gran enseñanza de la invencibilidad de la guerrilla prendiendo en las masas de los desposeídos. La galvanización del espíritu nacional, la preparación para tareas más duras, para resistir represiones más violentas. El odio como factor de lucha; el odio intransigente al enemigo, que impulsa más allá de las limitaciones naturales del ser humano y lo convierte en una efectiva, violenta, selectiva y fría máquina de matar. Nuestros soldados tienen que ser así; un pueblo sin odio no puede triunfar sobre un enemigo brutal.

Hay que llevar la guerra hasta donde el enemigo la lleve: a su casa, a sus lugares de diversión; hacerla total. Hay que impedirle tener un minuto de tranquilidad, un minuto de sosiego fuera de sus cuarteles, y aún dentro de los mismos: atacarlo dondequiera que se encuentre; hacerlo sentir una fiera acosada por cada lugar que transite. Entonces su moral irá decayendo. Se hará más bestial todavía, pero se notarán los signos del decaimiento que asoma.

Y que se desarrolle un verdadero internacionalismo proletario[10];

con ejércitos proletarios internacionales, donde la bandera bajo la que se luche sea la causa sagrada de la redención de la humanidad, de tal modo que morir bajo las enseñas de Viet Nam, de Venezuela, de Guatemala, de Laos, de Guinea, de Colombia, de Bolivia, de Brasil, para citar sólo los escenarios actuales de la lucha armada, sea igualmente gloriosa y apetecible para un americano, un asiático, un africano y, aún, un europeo.

Cada gota de sangre derramada en un territorio bajo cuya bandera no se ha nacido, es experiencia que recoge quien sobrevive para aplicarla luego en la lucha por la liberación de su lugar de origen. Y cada pueblo que se libere, es una fase de la batalla por la liberación del propio pueblo que se ha ganado.

Es la hora de atemperar nuestras discrepancias y ponerlo todo al servicio de la lucha.

Que agitan grandes controversias al mundo que lucha por la libertad, lo sabemos todos y no lo podemos esconder. Que han adquirido un carácter y una agudeza tales que luce sumamente difícil, si no imposible, el diálogo y la conciliación, también lo sabemos. Buscar métodos para iniciar un diálogo que los contendientes rehuyen es una tarea inútil. Pero el enemigo está allí, golpea todos los días y amenaza con nuevos golpes y esos golpes nos unirán, hoy, mañana o pasado. Quienes antes lo capten y se preparen a esa unión necesaria tendrán el reconocimiento de los pueblos.

Dadas las virulencias e intransigencias con que se defiende cada causa, nosotros, los desposeídos, no podemos tomar partido por una u otra forma de manifestar las discrepancias, aún cuando coincidamos a veces con algunos planteamientos de una u otra parte, o en mayor medida con los de una parte que con los de la otra.

En el momento de la lucha, la forma en que se hacen visibles las actuales diferencias constituyen una debilidad; pero en el estado en que se encuentran, querer arreglarlas mediante palabras es una ilusión. La historia las irá borrando o dándoles su verdadera explicación.

En nuestro mundo en lucha, todo lo que sea discrepancia en torno a la táctica, método de acción para la consecución de objetivos limitados, debe analizarse con el respeto que merecen las apreciaciones ajenas. En cuanto al gran objetivo estratégico, la destrucción total del imperialismo por medio de la lucha, debemos ser intransigentes.

Sinteticemos así nuestras aspiraciones de victoria: destrucción del imperialismo mediante la eliminación de su baluarte más fuerte: el dominio imperialista de los Estados Unidos de Norteamérica. Tomar como función táctica la liberación gradual de los pueblos, uno a uno o por grupos, llevando al enemigo a una lucha difícil fuera de su terreno; liquidándole sus bases de sustentación, que son sus territorios dependientes.

Eso significa una guerra larga. Y, lo repetimos una vez más, una guerra cruel. Que nadie se engañe cuando la vaya a iniciar y que nadie vacile en iniciarla por temor a los resultados que pueda traer para su pueblo. Es casi la única esperanza de victoria.

No podemos eludir el llamado de la hora. Nos lo enseña Viet Nam con su permanente lección de heroísmo, su trágica y cotidiana lección de lucha y de muerte para lograr la victoria final.

Allí, los soldados del imperialismo encuentran la incomodidad de quien, acostumbrado al nivel de vida que ostenta la nación norteamericana, tiene que enfrentarse con la tierra hostil; la inseguridad de quien no puede moverse sin sentir que pisa territorio enemigo; la muerte a los que avanzan más allá de sus reductos fortificados; la hostilidad permanente de toda la población. Todo eso va provocando la repercusión interior en los Estados Unidos; va haciendo surgir un factor atenuado por el imperialismo en pleno vigor, la lucha de clases aún en su propio territorio.

¡Cómo podríamos mirar el futuro de luminoso y cercano, si dos, tres, muchos Viet Nam florecieran en la superficie del globo, con su cuota de muerte y sus tragedias inmensas, con su heroísmo cotidiano, con sus golpes repetidos al imperialismo, con la obligación que entraña para éste de dispersar sus fuerzas, bajo el embate del odio creciente de los pueblos del mundo!

Y si todos fuéramos capaces de unirnos, para que nuestros golpes fueran más sólidos y certeros, para que la ayuda de todo tipo a los pueblos en lucha fuera aún más efectiva, ¡qué grande sería el futuro, y qué cercano!

Si a nosotros, los que en un pequeño punto del mapa del mundo cumplimos el deber que preconizamos y ponemos a disposición de la lucha este poco que nos es permitido dar: nuestras vidas, nuestro sacrificio, nos toca alguno de estos días lanzar el último suspiro sobre cualquier tierra, ya nuestra, regada con nuestra sangre, sépase que hemos medido el alcance de nuestros actos y que no nos consideramos nada más que elementos en el gran ejército del proletariado, pero nos sentimos orgullosos de haber aprendido de la Revolución Cubana y de su gran dirigente máximo la gran lección que emana de su actitud en esta parte del mundo: "qué importan los peligros o sacrificios de un hombre o de un pueblo, cuando está en juego el destino de la humanidad."

Toda nuestra acción es un grito de guerra contra el imperialismo y un clamor por la unidad de los pueblos contra el gran enemigo del género humano: los Estados Unidos de Norteamérica. En cualquier lugar que nos sorprenda la muerte, bienvenida sea, siempre que ése, nuestro grito de guerra, haya llegado hasta un oído receptivo, y otra mano se tienda para empuñar nuestras armas, y otros hombres se apresten a entonar los cantos luctuosos con tableteo de ametralladoras y nuevos gritos de guerra y de victoria.

NOTAS

NOTAS SOBRE EL PRÓLOGO
1. Guevara, Ernesto Che: *Ernesto Che Guevara. Obras (1957-1967)*. Casa de las Américas, La Habana, 1970, t. 2, 524.
2. Ibidem, 573.
3. Ibidem, 587.
4. Ibidem, 382-383.
5. Ibidem, 384.
6. Ibidem, 444-445.
7. Ibidem, 588.

NOTAS SOBRE EL DISCURSO "EN ARGELIA"
1. Che Guevara interviene en el Segundo Seminario de Solidaridad Afroasiático, en momentos en que se encontraba realizando un recorrido por Africa, desde diciembre de 1964, después de su intervención en Naciones Unidas. Es un momento singular, pues estaba preparando las condiciones para su posterior incorporación al Movimiento de Liberación del Congo, hecho que se materializa en abril de 1965.
2. La participación de Che en el Seminario es una muestra de las relaciones que existían entre los países de ambos continentes y Cuba. En el año 1959, fecha del triunfo de la Revolución, Che realiza un recorrido desde junio a setiembre por los países del Pacto de Bandung, antecedente del futuro Movimiento de los Países no Alineados. Con posterioridad, es el propio Che quien interviene en el I Seminario sobre Planificación en Argelia, el 16 de julio de 1963 y donde expone las experiencias de la Revolución Cubana, explicando que: "Acepté la invitación sólo para hacerles una pequeña historia de nuestro desarrollo económico, de nuestros errores y de nuestros éxitos que quizás pudiera servirles en un futuro más o menos inmediato y fundamental..."
3. Con particular precisión, Che define, en este discurso, su tesis revolucionaria sobre el Tercer Mundo y la necesidad de que los países socialistas apoyaran de forma incondicional y radical su evolución y desarrollo. El llamado hecho por Che en Argel causó posiciones contradictorias y polémicas, sin embargo, la historia se encargaría de darle la razón, al no comprender su reclamo de apoyo total a la lucha de liberación tercermundista y su integración a las ideas del Socialismo.
4. Las definiciones sobre intercambio desigual tienen en el Discurso que pronunciara Che en Ginebra, el 25 de marzo de 1964, con motivo de la Conferencia Mundial de Comercio y Desarrollo de Naciones Unidas,

su expresión más acabada y su reclamo más profundo: "...Es nuestro deber señalarlo, llamar la atención de los presentes, pues mientras se mantenga este estado de cosas y la justicia esté manejada por unos cuantos intereses poderosos [...] será difícil eliminar la tensión imperante, lo que entraña peligros ciertos para la humanidad."

5. Dentro de la identificación de Che con el Socialismo, el tema de la superación de la explotación es inherente a su ideario y sin el cual no existe sociedad justa y humana. En torno a este tema, fue protagonista de debates e incomprensiones, al no aceptarse su concepción unitaria de la lucha por el Socialismo, mediante una estrategia internacional de las fuerzas del socialismo, que contribuyeran a ayudar al desarrollo económico y social de los pueblos que se liberan. Los trabajos de la presente edición recogen los análisis más acabados sobre este crucial debate.

6. La participación directa de Che en la construcción de la base técnico-material de la sociedad cubana, entre 1959 y 1965, se relaciona estrechamente con la formación del hombre nuevo al que se aspiraba y es un tema de permanente dedicación, porque lo consideraba entre los dos pilares de la construcción de la nueva sociedad. La concepción y estrategia que se siguió no sólo fue importante para solucionar problemas inmediatos, sino sobre todo porque se puso en marcha una estrategia que permitió tomar medidas para asegurar el futuro del desarrollo científico-técnico del país, en particular, en la esfera de dirección a su cargo, el Ministerio de Industrias. Para ampliar sobre el tema pueden revisarse sus discursos "Que la universidad se pinte de negro, de mulato, de obrero, de campesino" (1960) y "La juventud y la revolución" (1964).

7. En ese colosal esfuerzo de Che por profundizar en la economía de la transición socialista desde una revolución triunfante, pero a la vez subdesarrollada, con elementos del capitalismo todavía influyendo sobre ella, el tema de la Planificación es vital, por entender que representa la primera posibilidad humana de regir las fuerzas económicas y lo que caracteriza y define el período de transición. Alerta, además, sobre las tendencias que desde el socialismo se estaban produciendo de reformar el sistema económico mediante el fortalecimiento del mercado, el interés material y el auge de la ley del valor. Ante esas posiciones, aboga por una Planificación centralizada antiburocrática, que permitiera crear riquezas con la conciencia y no a la inversa, y desarrollar una acción conciente y organizada como motor fundamental de la realización del plan. Para profundizar en el tema consultar el artículo "La planificación socialista, su significado" (1964).

NOTAS SOBRE "EL SOCIALISMO Y EL HOMBRE"

1. La carta enviada a Carlos Quijano, director del semanario *Marcha*, en Montevideo, fue publicada el 12 de marzo de 1965, con el siguiente titular: "Desde Argel, para *Marcha*. La Revolución cubana, hoy." En la edición original aparece la siguiente nota aclaratoria: "Desde Argel, el Che Guevara hace llegar a *Marcha* esta nota. Es un documento de singular importancia para comprender el alcance y los propósitos de la revolución cubana, según los ve uno de los principales actores de la misma. La tesis expuesta está llamada a provocar debates y abre nuevas perspectivas que, por otra parte, aunque parezca paradójico, se vinculan a antiguos planteos dentro de las corrientes socialistas." Con posterioridad, el 5 de noviembre de ese mismo año, se redita y es presentado como: "Exclusivo: Una nota especial del Che Guevara." En el interior se aclara que esta redición obedece a que "...los lectores de *Marcha* en Argentina no pudieron conocerla en su publicación original, debido a que en esa fecha el semanario aún estaba interdicto en Buenos Aires..."
2. Cronológicamente, en la etapa en que Che envía la carta a Quijano, se encontraba recorriendo el continente africano, periplo que inicia el 17 de diciembre de 1964, y en el que sostiene innumerables entrevistas con dirigentes revolucionarios africanos de la época.
3. La concepción del hombre del futuro, partiendo de la actitud de los combatientes, fue analizada por Che desde el inicio del triunfo revolucionario, en su artículo "Proyecciones sociales del Ejército Rebelde" (1959). Con posterioridad, amplía esas ideas en el discurso "El médico revolucionario" (1960), donde habla de que ya en Cuba se está creando "un nuevo tipo humano" como resultado de la revolución, porque "no hay nada que eduque más a un hombre [...] que el vivir dentro de una revolución." Estas primeras aseveraciones adquieren una dimensión superior, cuando profundiza en las potencialidades que adquiere el hombre en el proceso de construcción socialista, como actor directo y conciente de los cambios que se estaban produciendo. La síntesis de esas ideas están condensadas en el presente artículo.
4. En el transcurso de la Crisis de Octubre de 1962, que puso al mundo al borde la conflagración mundial, como consecuencia de la escalada de acciones organizadas por el gobierno de Estados Unidos, en su intento de derrocar a la Revolución Cubana, y en el Ciclón Flora, que azotó la zona oriental de Cuba, el 4 de octubre de 1963, provocando más de mil muertos, se puso de manifiesto el valor y entrega del pueblo cubano ante hechos cruciales como estos. Sin embargo, Che consideraba que las masas debían tomar conciencia, que de la misma forma que se entregan a la ejecución de actos heroicos, en circunstancias especiales,

así debía ocurrir en sus acciones cotidianas, si en verdad querían ser constructores de una nueva sociedad.
5. El triunfo revolucionario del 1º de enero de 1959 significó para el pueblo cubano, el anhelo de ostentar, por primera vez en la historia de Cuba, un auténtico poder de participación popular. El gobierno, inicialmente, es integrado por un gabinete en el que intervienen algunas figuras de partidos tradicionales, que de una forma u otra habían colaborado con la revolución, sin embargo, al producirse las primeras medidas que afectan a las clases dominantes, comienzan a producirse brotes de disconformidad, que serían el germen, de las acciones contrarrevolucionarias que se inician, con el apoyo y financiamiento del gobierno de Estados Unidos. En esa confrontación, el entonces Presidente Manuel Urrutia es obligado a renunciar por la presión de las masas, al quedar al descubierto los obstáculos que trataba de imponer, para impedir se pusieran en práctica, medidas de beneficio popular. De esa forma es que Fidel, con el pleno respaldo del pueblo, asume la jefatura del Gobierno, ostentando el cargo de Primer Ministro.
6. La promulgación de la Ley de Reforma Agraria, el 17 de mayo de 1959, apenas a 4 meses de tomado el poder, es considerado como el paso decisivo e imprescindible para acometer el programa de cambio que, desde el Moncada, la Revolución se había propuesto alcanzar. En la elaboración del texto de esta primera Ley, participó Che con un grupo de compañeros, nombrados por la dirección de la Revolución.
7. La invasión a Playa Girón, el 17 de abril de 1961, por tropas mercenarias, entrenadas y pagadas por el gobierno norteamericano, al igual que las bandas contrarrevolucionarias, extendidas por el país, durante la década del 60, e igualmente financiadas por Estados Unidos, formaban parte de los planes de desestabilización, organizados con el objetivo de derrocar la Revolución. En esas circunstancias, las masas, como las define Che, estaban convencidas de que eran partícipes de un verdadero proceso de transformación social, y de esa misma manera, respondieron en la defensa de las conquistas logradas, escribiendo páginas gloriosas, para tratar de desarticular primero y destruir después, toda acción que intentara destruir la Revolución.
8. Las manifestaciones de sectarismo ocurridas en Cuba en la década del 60, obligaron a la dirección de la Revolución a tomar un conjunto de medidas que impidieran tendencias que implicaran una separación del gobierno con las masas. Che, como parte de esa dirección, participa en ese proceso, además de analizar, en diversas ocasiones, con la profundidad que lo caracterizaba, las graves consecuencias que ese fenómeno acarrearía. En muchas intervenciones de la época, se encuentran recogidas sus opiniones y de forma más conceptual, en el

prólogo que escribiera para el libro *El Partido Marxista-Leninista*, editado en 1963, donde explica: "...Se erraba en los métodos de dirección; el Partido perdía sus cualidades esenciales de ligazón con las masas, del ejercicio del centralismo democrático y del espíritu de sacrificio [...] se pierde su función de motor ideológico [...] afortunadamente las viejas bases en que se fundara este engendro sectario se han rotos."

9. La polémica sobre el papel de la ley del valor en la construcción socialista, forma parte de alguno de los presupuestos definidos por Che, dentro de su pensamiento económico y de su concepción sobre el Sistema Presupuestario de Financiamiento. Sobre todo, porque desde su perspectiva humanista revolucionaria, rechaza toda concepción que pretendiera vencer al capitalismo con sus propias armas o fetiches. Esas valoraciones sobre el tema, de forma más amplia, las expone en su artículo "Sobre la concepción del valor," que aparece publicado en la revista *Nuestra Industria*, en octubre de 1963, y donde se da inicio a la polémica económica que encabezara Che en esos años y que adquirió por su nivel y relevancia, connotaciones internacionales. Esta polémica es asumida con el rigor que lo distinguía y desde el propio artículo, sienta las pautas que debían regir: "Queremos dejar constancia de que esta polémica, que se inicia con nuestra réplica, puede tener un valor alto para nuestra formación en la misma medida en que seamos capaces de llevarla con el mayor rigor científico posible y con la mayor ecuanimidad."

10. Nelson Rockefeller, quien llegara a ser uno de los hombres más acaudalados de Estados Unidos, según se cuenta, adquiere su capital por un "golpe de suerte," al descubrir yacimientos de petróleo. Esta leyenda, cierta o no, lo lleva a influir durante largos años en la política de su gobierno respecto a los países de América Latina, por su poderío económico, independientemente de quien ocupara la Casa Blanca.

11. Para Che no puede haber socialismo si a la fase puramente económica no se le incorpora una fase de conciencia. Sin esa conciencia de los derechos y deberes que se deben asumir, es imposible construir una nueva sociedad. Esa actitud es la que sirve de engranaje en la transición socialista y la forma esencial de expresarla, es a través de la conciencia. En el trabajo que se presenta, Che analiza el papel decisivo de la conciencia ante la distorsión que se venía produciendo en el "Socialismo real," en torno a estas posiciones, a partir de la separación de la base material de la sociedad y su prioridad con respecto a los factores superestructurales. Lamentablemente, la historia le dio la razón, al desencadenarse una crisis político-moral dentro del sistema, que a la larga determinó su derrumbe. Entre los trabajos a consultar sobre estas cuestiones se pueden señalar, "Discusión colectiva; decisión y

responsabilidades únicas" (1961), "Sobre la construcción del Partido" (1963), "En la entrega de certificados de trabajo comunista" (1964) y "Una actitud nueva frente al trabajo" (1964).

12. El término subdesarrollo forma parte de los principales conceptos, que desde un inicio Che estudió, por la trascendencia del mismo, en la explicación de la realidad tercermundista. En su artículo "Cuba. ¿excepción histórica o vanguardia en la lucha anticolonialista?" (1961), definió: "¿Qué es subdesarrollo? Un enano de cabeza enorme y tórax henchido es 'subdesarrollo' en cuento a sus débiles piernas o sus cortos brazos no articulan con el resto de su anatomía; es el producto de un fenómeno teratológico que ha distorsionado su desarrollo. Eso es lo que en realidad somos nosotros, los suavemente llamados 'subdesarrollados,' en verdad países coloniales, semicoloniales o dependientes. Somos países de economía distorsionada por la acción imperial que ha desarrollado anormalmente las ramas industriales o agrícolas necesarias para complementar su compleja economía."

13. La liberación plena del hombre es enmarcada por Che en un momento, en que esta fuera capaz de entender el trabajo como un deber social a cumplir con la mayor satisfacción, sustentado por medio de un sistema de valores que contribuyeran a la realización de acciones concientes en la participación de las tareas que les corresponda desempeñar. Este proceso de entrega sin límites a una obra sólo se puede alcanzar por medio de una educación sistemática, adquirida después de transitar por fases en las que se advierte un salto en las acciones colectivas que se asuman. Che no desconocía lo difícil que resultaba ese camino y el tiempo que se necesitaba para transitarlo, sin embargo, en su afán de acelerar ese proceso, desarrolló instrumentos de movilización para tratar de conjugar intereses colectivos con los individuales, en una etapa donde aún se estaban sentando las bases para el surgimiento de un nuevo tipo de hombre. Dentro de los instrumentos más significativos, se encuentran los estímulos morales y materiales, llegando a considerar que los primeros contribuyen a la profundización de la conciencia, como método certero para avanzar hacia el Socialismo, sin negar el papel de los segundos, pero tratando que estos tuvieran un sentido educativo. Para obtener una mayor comprensión de estos temas, pueden consultarse sus discursos, "En homenaje a los premiados en la Emulación" (1962) y en "Una actitud nueva frente al trabajo" (1964).

14. Imprescindible para Che, en el proceso de formación del hombre nuevo, es el tema referido a la educación, al enfatizar la necesidad de que el estudio sea algo directamente relacionado con la producción, y que se convierta en cotidiano, como la única forma que tiene el hombre para superarse. La superación se debe realizar mediante un espíritu colectivo,

para que a su vez ayude al desarrollo de la conciencia y el salto que se produzca sea gigantesco. En el orden práctico, diseñó todo un sistema educacional dentro del Ministerio de Industrias, que permitió garantizar, al menos, un mínimo de preparación a los obreros, para que pudieran enfrentarse a los nuevos retos que el desarrollo científico-técnico del país requería.

15. El tema de la vanguardia forma parte del ideario de Che a través de dos momentos fundamentales, el primero, es cuando define a la vanguardia como el elemento imprescindible en la conducción de la lucha y dentro de la primera línea de combate. Posterior al triunfo, la vanguardia representa, para Che, el verdadero resorte que impulsa a las masas a participar activamente en la construcción de la nueva sociedad, y al frente de ellas, el Partido, quien ocupa la posición rectora. Por eso, en algunas de sus reflexiones, insiste en que la Revolución es un proceso acelerado, donde los hombres que participan en ella tienen derecho a cansarse, pero nunca a ser hombres de vanguardia.

16. En el período que Che se desempeñó como dirigente en Cuba, no se había alcanzado un nivel adecuado de institucionalización, como consecuencia lógica de un proceso, que se había caracterizado por barrer con las antiguas estructuras de dominación. Sin embargo, no dejó de analizar la importancia de su constitución, como el mecanismo integrador y ordenado ante la masa y su vanguardia. Años más tarde, en 1976, posterior al Primer Congreso del Partido Comunista de Cuba, se asume la tarea de institucionalizar el país, como expresión del nivel que se había alcanzado en la estructura de poder creada por la Revolución

17. En la construcción de la nueva sociedad, para Che el trabajo desempeñaba un papel esencial. Analizó las diferencias que existían entre el trabajo desplegado en la sociedad capitalista, del que se realiza en el socialismo, libre ya de toda enajenación. Era conciente, de la necesidad de lo mucho que había que alcanzar para que el trabajador diera el máximo y comprendiera que se estaba en un período, en que el deber y el sacrificio debían estar por encima de lo recibido a escala individual. En un discurso, pronunciado en 1961, refiriéndose a este tema, señala que el trabajo cotidiano "es el más duro, es el constante, que no exige sacrificios violentos de un minuto, que no pide en un minuto la vida a los compañeros que deben defender la Revolución, sino que pide durante largas horas diarias..."

18. El esfuerzo desplegado por Che, para hacer entender que la construcción socialista requiere de un proceso, donde se vayan eliminando los rezagos de la sociedad anterior, que persisten a pesar de las enormes transformaciones que se ejecutan, lo conducen a profundizar en los

medios adecuados para eliminar las relaciones de producción heredadas. Trabaja, insistentemente, en hacer que la gente entienda que para lograr su eliminación, existen dos caminos fundamentales, "el aumento de la producción y la profundización de la conciencia," como las únicas vías para acabar totalmente la explotación del hombre por el hombre y poder llegar a la sociedad socialista.

19. Un trabajo tan abarcador como "El Socialismo y el hombre en Cuba," no podía dejar de analizar el tema de la cultura, si se toma en consideración los enormes cambios que se estaban operando en el comportamiento y la participación efectiva de las masas en el poder. Reflexionar en torno a la cultura socialista, en un país que comenzaba a salir del subdesarrollo, caracterizado por la existencia de una cultura neocolonial, impuesta por la clase dominante, no era tarea fácil, cuando se estaba en permanente pugna con los valores del pasado y el intento de construir una Cultura abarcadora que tuviera como premisa esencial resaltar la plena solidaridad entre la gente y el rescate de la verdadera justicia social en todos los órdenes. Hubo que luchar tenazmente contra todo un pasado que se aferraba a no desaparecer, pero también contra tendencias que llegaban de los antiguos países socialistas, cargadas de dogmatismo y autoritarismo, bajo la forma del denominado "realismo socialista." Abogar por defender lo mejor de nuestra cultura y lo más autóctono fue el antídoto que poco a poco se empleó, sin caer en excesos y tratando de construir una cultura que expresara el sentir de una mayoría, sin vulgarización ni esquematismos. Ese camino ha devenido una constante en el desarrollo de la cultura dentro de la Revolución hasta el presente, en que ni el Neoliberalismo ni la Globalización han impedido que un genuino proceso aglutinador de cultura popular sea la respuesta actual, como manifestación del desarrollo de una verdadera sociedad socialista.

20. El tema del papel del Partido y la Juventud en la construcción de la nueva sociedad, fue ampliamente analizado por Che, en trabajos de imprescindible consulta: "Sobre la construcción del Partido," "El Partido Marxista-Leninista," "Qué debe ser un Joven Comunista" y "La Juventud y la Revolución."

21. La confluencia armónica existente entre Fidel y Che, desde su encuentro en México en 1955, representa la conjunción de una comunión de ideales y criterios sobre la plena liberación de Nuestra América y sobre la construcción de una nueva sociedad. En innumerables ocasiones Che se refiere a Fidel, valorando sus dotes de líder y estadista, con sincera admiración, como muestra de admiración y respeto, lo que fue y ha sido reciprocado por Fidel, en incontables oportunidades. Sin dudas, es una deuda histórica, el no haberse investigado con mayor objetividad

esta relación que contribuiría a profundizar en el conocimiento de una época de enorme trascendencia. Aunque esta ausencia no se puede suplir, es de imprescindible consulta, en el caso de Che, trabajos como: *Pasajes de la guerra revolucionaria, Guerra de guerrillas,* "Cuba: ¿excepción histórica o vanguardia en la lucha anticolonialista?," "Soberanía política e independencia económica" y "El Partido Marxista-Leninista."

22. El estudio de la Revolución Cubana en toda su magnitud y en sus diferentes etapas, tanto el de la lucha guerrillera, como desde el poder mismo, fue sistemáticamente emprendido por Che a lo largo de su obra oral y escrita, distinguiendo siempre, la significación del ejemplo de Cuba para el Tercer Mundo, en su condición de símbolo libertario y en ostentar la primicia, de haber asumido la construcción socialista bajo las condiciones del mundo subdesarrollado. Además de las obras referenciadas anteriormente, se deben consultar: "Despedida a las Brigadas Internacionales de Trabajo Voluntario" (1960), "Notas para el estudio de la ideología de la Revolución Cubana" (1960) y "La influencia de la Revolución Cubana en la América Latina" (1961).

23. El "intento" de ofrecer algunas conclusiones, permite ordenar ideas esenciales, que se encuentran presente en toda su obra y que acá las sintetiza de forma magistral abarcando un completo espectro en lo filosófico, ético y político, que pasa por el camino del sacrificio y el desarrollo de la conciencia, a través de nuevos valores, capaces de sentar las bases de la formación del hombre del siglo XXI.

NOTAS SOBRE "CREAR DOS, TRES, MUCHOS VIET NAM"

1. En enero de 1966, se desarrolla en Cuba la Conferencia Tricontinental de Solidaridad de los pueblos de Asia, Africa y América Latina, en la que se acuerda, al finalizar el evento, crear su Organización de Solidaridad, con un Secretariado Ejecutivo permanente. Che Guevara, en los días en que se estaba efectuando la Conferencia, se encontraba en Tanzania, después de su salida del Congo, lo que hizo imposible su participación. Según referencias del Cdte. Manuel Piñeiro, responsable en aquel entonces de los vínculos con los revolucionarios del Tercer Mundo, en entrevista exclusiva para la revista *Tricontinental*, en 1997, aclara que el Mensaje "lo escribió cuando se encontraba en el campo de entrenamiento en la provincia de Pinar del Río, de Cuba, antes de su salida para Bolivia, en noviembre de 1966." El Mensaje aparece publicado por primera vez, el 16 de abril de 1967, en un Suplemento especial, de lo que sería posteriormente la revista *Tricontinental*, la que se comenzó a editar en el mes de junio de ese mismo año. Por la importancia de su contenido y el contexto en que fuera publicado,

históricamente se conoce como Mensaje a la Tricontinental, aunque en la primera edición y en el facsímil que aparece en la presente edición se puede constatar que el título es "Crear dos, tres... muchos Viet Nam, es la consigna."

2. Los primeros análisis escritos por Che sobre las guerras de Corea y Viet Nam se remontan a su época de juventud, durante su estancia en Guatemala en 1954, fecha en la que siguió muy de cerca, las intervenciones a estos países, llevadas a cabo por las fuerzas coloniales e imperialistas. Posterior al triunfo revolucionario, analiza en circunstancias diferentes lo que estaba aconteciendo. Entre esos pronunciamientos resulta imprescindible consultar su discurso "La solidaridad con Viet Nam del sur" (1963), el prólogo a libro *Guerra del pueblo, Ejército del pueblo* (1964) y su intervención en la XIX Asamblea General de las Naciones Unidas (1964).

3. Para una comprensión más detallada de esas aseveraciones, el lector debe consultar lo expresado por Che en el citado discurso en Naciones Unidas y el de Argelia, que aparece en la presente edición, donde expone que: "El ominoso ataque del imperialismo norteamericano contra Viet Nam o el Congo debe responderse suministrando a esos países hermanos todos los instrumentos de defensa que necesiten y dándoles toda nuestra solidaridad sin condición alguna."

4. En múltiples ocasiones, Che se refirió a las enormes dificultades que acarrearía para el movimiento revolucionario mundial la ruptura entre China y la URSS y la necesidad imperiosa de que esas diferencias fueran discutidas dentro del seno del movimiento comunista internacional, para tratar de alcanzar un acuerdo común y de principios, que evitara una escisión que produciría daños de insospechable magnitud. En esa línea de pensamiento, las tesis tercermundistas de Che, tratan de superar esa escisión, desde una perspectiva de lucha que barriera con todo esquematismo y dogma. Los trabajos que se recogen en esta edición son expresión, en alguna medida, de las posiciones que sostenía Che al respecto.

5. El presidente Lyndon B. Johnson, ocupaba la Vice-Presidencia cuando es asesinado el Presidente John F. Kennedy, el 22 de noviembre de 1963, en Dallas, Texas. Johnson incrementa la escalada de la guerra de Viet Nam y en el caso de Cuba amplía las agresiones encubiertas y el apoyo incondicional a la contrarrevolución.

6. Las concepciones táctico-estratégicas desarrolladas por Che fueron escritas en diferentes momentos y circunstancias, reflejando un ascenso dialéctico en cuanto a contenidos y objetivos, que recorren desde su experiencia en la lucha revolucionaria en Cuba, hasta su incorporación a la lucha internacionalista. De imprescindible consulta son los trabajos,

Guerra de guerrillas, "Guerra de guerrillas: un método." *Pasajes de la guerra revolucionaria*, "Táctica y estrategia de la Revolución latinoamericana" y *Pasajes de la guerra revolucionaria: Congo*.

7. La penetración de los capitales norteamericanos en América Latina, al igual que las políticas se consolidaron considerablemente, después de la Segunda Guerra Mundial, mientras que los países latinoamericanos se vieron atados aún más a su poderío hegemónico. El estudio permanente de la realidad latinoamericana, fue un interés constante a lo largo de la vida y la obra de Che y en muchas de sus reflexiones analiza la conexión indisoluble entre economía y política y su comportamiento en cada uno de nuestros países. Un análisis minucioso y global se encuentra en el citado artículo "Táctica y estrategia..."

8. Como consecuencia de la experiencia alcanzada en su participación en la lucha revolucionaria en el Congo, escribe *Pasajes de la guerra...*, donde recoge los momentos más trascendentes de la contienda. En el epílogo del libro analiza detalles de la realidad económica, política y social de la región y las posibilidades reales de lucha, además de caracterizar a la burguesía nacional y su posición dependiente dentro de la estructura de dominación, tesis que sumada a la expuesta en el Mensaje, explican sus conclusiones al respecto.

9. Si se considera lo analizado por Che sobre la realidad del Tercer Mundo como imprescindibles para conocer sus particularidades, sin dudas, se puede comprender el alcance de su plena participación en la lucha de liberación de los pueblos. En el Mensaje, escrito antes de su partida a Bolivia, deja establecido claramente sus criterios y posiciones, al igual que los había enunciado públicamente en el discurso en Naciones Unidas. De su contenido, sorprende la actualidad y vigencia de alguno de sus enunciados, como los que explican la situación del Medio Oriente y en particular sobre Israel, cuestión que lejos de aplacarse se ha agudizado en nuestros días.

10. La concepción internacionalista a escala global, como la planteado por Che en el Mensaje representa la síntesis de su pensamiento y praxis política, que nos acercan al revolucionario integral, que apuesta a la construcción de un nuevo orden a partir de la conquista armada del poder, como vía principal. Apoya esta posición, teniendo en cuenta la coyuntura en que se encuentra el mundo y la posición de sumisión de las burguesías locales respecto al imperialismo, de ahí que la respuesta, en esas condiciones, debía ser a través de una guerra popular prolongada, como la estrategia real posible, de una voluntad de transformación liberadora.

Libros en español de Ocean Press

AMERICA LATINA
Despertar de un continente
Por Ernesto Che Guevara
Editado por María del Carmen Ariet García

La presente antología lleva al lector de la mano, a través de un ordenamiento cronológico y de diversos estilos, por tres etapas que conforman la mayor parte del ideario y el pensamiento de Che sobre América Latina.

450 páginas, ISBN 1-876175-71-0

EL GRAN DEBATE
Sobre la economía en Cuba
Por Ernesto Che Guevara

Con la tónica de una fraterna confrontación de ideas, abierta, profunda, flexible y fundamentalmente desde posiciones revolucionarias, para perfeccionar el socialismo desde la izquierda, se desarrolló el Debate que recoge este libro. Estamos seguros que será de inmensa utilidad en las condiciones actuales, en los inicios del siglo XXI.

432 páginas, ISBN 1-876175-68-0

EL DIARIO DEL CHE EN BOLIVIA
Edición autorizada
Por Ernesto Che Guevara, Prólogo por Camilo Guevara
294 páginas, ISBN 1-920888-30-6

PASAJES DE LA GUERRA REVOLUCIONARIA
Edición autorizada
Por Ernesto Che Guevara, Prólogo por Aleida Guevara
336 páginas, ISBN 1-920888-36-5

PUNTA DEL ESTE
Proyecto alternativo de desarrollo para América Latina
Por Ernesto Che Guevara
Editado por María del Carmen Ariet García y Javier Salado
244 páginas, ISBN 1-876175-65-6

CHE EN LA MEMORIA DE FIDEL CASTRO
Por Fidel Castro

174 páginas, ISBN 1-875284-83-4

Libros en español de Ocean Press

CHE DESDE LA MEMORIA
Los dejo ahora conmigo mismo: el que fui
Por Ernesto Che Guevara

Che desde la Memoria es una visión intimista y humana del hombre más allá del icono; es una extraordinaria fuente histórica que conjuga fotografías y textos de Che Guevara convertidos en testimonio y memoria de su reflexiva mirada sobre la vida y el mundo. Cartas, poemas, narraciones, páginas de sus diarios, artículos de prensa y fotos tomadas por él mismo, nos permitirán conocer su vida, sus proyectos y sus sueños.

305 páginas, ISBN 1-876175-89-3

CHE GUEVARA PRESENTE
Una antología mínima
Por Ernesto Che Guevara
Editado por María del Carmen Ariet García y David Deutschmann

Una antología de escritos y discursos que recorre la vida y obra de una de las más importantes personalidades contemporáneas: Ernesto Che Guevara. *Che Guevara Presente* nos muestra al Che por el Che, recoge trabajos cumbres de su pensamiento y obra, y permite al lector acercarse a un Che culto e incisivo, irónico y apasionado, terrenal y teórico revolucionario, es decir, vivo.

460 páginas, ISBN 1-876175-93-1

NOTAS DE VIAJE
Diario en motocicleta
Por Ernesto Che Guevara
Prólogo por Aleida Guevara

Un muy joven Ernesto Guevara viaja por América Latina junto a su amigo Alberto Granado, parten de Argentina y se enfrentan a aventuras y realidades que los transformarán para siempre.

168 páginas, ISBN 1-920888-12-8

oceanpress

e-mail info@oceanbooks.com.au
www.oceanbooks.com.au

Centro de Estudios
CHE GUEVARA